부자 아빠의 5분 투자 수업

부자 아빠의 5분 투자 수업

ⓒ 김혜남 · 여운봉

초판 1쇄 찍음 | 2007. 03. 26
초판 1쇄 펴냄 | 2007. 03. 30

지은이 | 김혜남 · 여운봉

편집 | 홍석봉, 박승범
디자인 | 최진영
마케팅 | 강철
관리 | 김수연

펴낸이 | 이태준
펴낸곳 | 도서출판 문화유람
출판등록 | 2002년 10월 18일 (제17-332호)
주소 | 서울시 강동구 성내동 533-1 영우빌딩 301호
전화 | 02-486-0385
팩스 | 02-474-1413
우편 | 134-600 서울시 강동구 강동우체국 사서함 164호
이메일 | cntbooks@gamail.com
홈페이지 | www.inmul.co.kr

값 9,500원

ISBN 978-89-91945-09-8   03320

부자아빠의
5분 투자수업
김혜남 | 여운봉 지음
문화유람

청소년들이 부에 대한 건전한 가치관을 갖도록 돕는 책이 필요한 시점이지만 그런 책은 매우 부족하다. 그래서 건전한 부를 축적하려는 이들을 위한 재무 컨설턴트이자 자산관리 전문가, 청소년을 위한 자기계발 전문가이자 입시전략가인 우리 두 사람이 손을 맞잡고 이러한 시대적 요청에 부응하는 책을 쓰게 되었다.

이 책은 청소년이 부자가 되기 위해 알아야 할 중요한 것을 고루 담고 있다. 딱딱할 수 있는 내용을 재미있는 이야기로 풀어냈으니 부담 없이 읽을 수 있고 읽고 나면 부의 덕목을 최소한 하나 이상은 얻을 수 있을 뿐만 아니라 미래의 부를 설계하는 데도 도움을 줄 것이다.

이 책은 단순히 청소년들에게 '부자가 되는 법을 가르쳐 주겠다'고 호언장담하지 않는다. 이야기 속에서 자녀가 스스로 부자의 꿈을 실현하기 위해 노력하는 모습과 자녀를 건강한 부자로 만들기 위해 노력하는 부모의 이상적 모습을 살펴봄으로써 부에 대한 올바른 가치관과 체계적인 투자 마인드를 자녀와 부모 모두에게 갖게 하는 것이 이 책의 목적이다.

우리는 지금까지 각자의 분야에서 수많은 부모들과 학생들을 만나 왔다. 부모들 중에는 나름대로의 전략을 세우고 실천해서 소위 '부자'의 반열에 오른 사람들도 상당히 많았다. 그들이 재산을 모으게 된 경위, 그 경험과 관록 그리고 투자 마인드를 들으면서 부자에 대한 피상적인 생각에서 벗어날 수 있었다.

그들은 돈이 어떻게 모이고 움직이는지를 아는 사람들이었다. 돈이 인생에서 무엇을 의미하는지, 돈을 어떻게 대해야 하는지, 그리고 부자가 되기 위해서는 어떠한 노력이 필요한지를 정확히 알고 실천하는 사람들이었다. 그들에게 진정한 부자의 덕목에 대해 듣다 보니 나름대로의 확

고한 투자 철학과 정교한 전략을 배울 수 있었다.

그들의 다양한 투자 사례를 듣고서 우리는 생각했다. '아, 이건 미래를 개척하는 청소년들에게 도움이 되는 내용들이다. 현재 청소년을 위한 경제 교육은 너무 교과서 위주인데다 지나칠 정도로 딱딱하고 관념적이어서 청소년들의 피부에 와 닿지 않는데 말이다. 차라리 다양한 투자 전략과 철학을 토대로 건강하게 부를 일군 사람들의 생생한 이야기를 청소년들에게 들려주자.'

여기에 우리의 전공 분야에서 축적된 자산관리 노하우(국내 VIP 자산가 수백여 명을 컨설팅하고 자산관리를 도운 경험)와 자기계발 패턴(청소년과 학부모를 오랫동안 접하면서 그들의 심리와 원하는 것을 파악하게 된 경험)을 녹여 더욱 생생하고 피부에 와 닿는 부자 마인드를 전하려고 했다.

다양한 등장인물들이 이끌어 가는 재미있는 이야기를 통해 투자 마인드와 구체적인 기법은 물론 효과적이고 거시적인 투자 노하우도 배울 수 있을 것이다. 부모의 현명한 지혜와 경험, 자녀의 패기와 자신감을 조화시키며 올바른 투자의 기초를 닦을 수 있는 부모와 자녀 간의 행복한 '투자 수업' 시간을 마련할 수 있을 것이다. 이를 통해 미래의 기둥인 자녀들은 건전한 경제 마인드와 개념을 갖춘 미래형 부자의 첫발을 디딜 수 있을 것이고 부모 역시 현재를 반성하고 보다 나은 삶을 설계하는 계기를 마련할 수 있을 것이다.

마지막으로 오해를 피하기 위해 한 가지 덧붙인다. 이 책의 제목에 '5분' 이라는 말이 들어간 것은 단기간에 재테크의 모든 것을 끝낸다는 의미에서가 아니다. '5분' 이라도 매일 부모와 자식 간에 '행복한 투자 수업 시간' 을 가지라는 의미에서이다. 매일 '5분' 만이라도 '행복한 투자 수업 시간' 을 갖도록 하자! 미래가 달라질 것이다.

김혜남 · 여운봉

머리말

행복한 투자 수업_ 첫 번째 시간

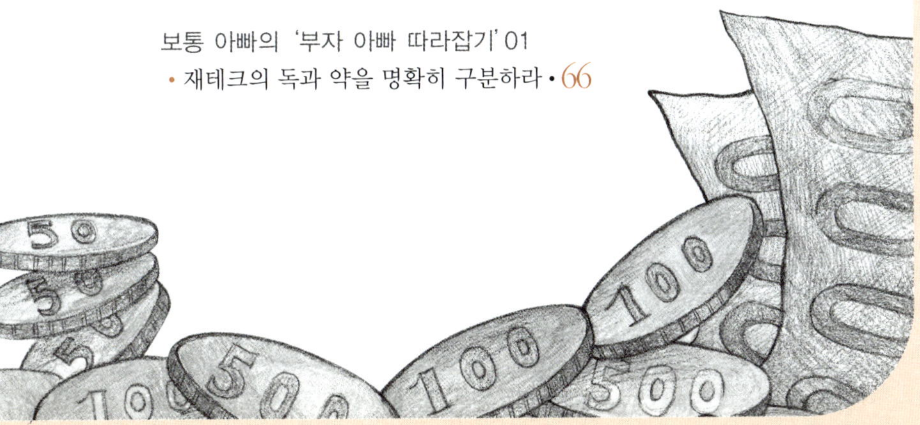

행복한 투자 수업_ 네 번째 시간

행복한 투자수업

첫 번째 시간

정보

"아빠, 이것 보세요. 엄청난 수익률을 보장한대요."

요즘 들어 투자에 관심을 가지기 시작한 최영민의 아들 민호가 신문 사이에 끼어 있던 전단지를 내밀었다.

"보세요. 저금리 시대의 확실한 투자법. 연 100% 수익률 보장. 재개발 지역에 들어서는 상가인 모양인데요."

■ 쉽게 얻어지는 것은 진정한 정보가 아니다

올해 경영학과에 입학한 새내기 대학생 민호. 오랫동안 입시에 시달렸으니 여자 친구도 사귀고 친구들과 여행도 다닐 법 하건만 민호는 온통 재테크에 정신이 팔려 있다. 대학 입학 선물로 영민에게 천만 원짜리 통장을 받았기 때문이었다. 그 돈은 민호가 어릴 적부터 친척들에게서 받은 용돈을 모은 것에다 영민이 얼마를 더 보태 만든 것이었다. 통장을 손에 쥐어주면서 영민은 말했었다.

"이 돈으로 경차 한 대 뽑아 신나게 놀러 다니든지, 해외 여행을 다녀오든지, 아니면 친구들과 진탕 술을 먹든지 그건 네 마음이다. 하지만 이 돈을 종자돈으로 삼아 1년 동안 불려 보면 어떨까 싶다. 주식을 해보거나 아니면 적절한 투자처를 찾아본다면 네 전공 공부는 물론 인생에도 큰 도움이 될 것 같구나."

영민은 말은 그렇게 하면서도 민호가 돈을 헤프게 쓰지는 않을까 내심 걱정했었다. 대학생이 되었다고는 해도 아직 놀고 싶은 나이 아닌가. 입 안에 들어온 솜사탕처럼 달콤한 그 돈을 다 녹여 없앤다고 해도 절대 아이를 혼내지 말자고 영민은 다짐했었다. 다행히 민호는 며칠 후 눈을 반짝이며 그 돈을 투자해 보고 싶다고 영민에게 가르침을 달라면서 빙그레 웃었다.

하지만 아직까지는 귀 얇고 눈먼 아들이었다. 조금만 괜찮은 듯한 정보가 있으면 호들갑을 떨며 영민에게 달려왔다. 이번에도 마찬가지였다. 허위 과장 광고임이 분명한 전단지에 회가 동한 것이었다. 영민는 혀를 끌끌 찼다.

"이 녀석아, 그걸 액면 그대로 믿는 거냐? 요즘 같은 저금리 시대에 그렇게 고수익이 보장된다면 이런 전단지까지 돌릴 필요가 있겠냐? 벌써 아는 사람들이 벌떼처럼 모여 상가가 동이 났겠지."

민호는 억울하다는 듯이 영민을 바라보았다.

"아빠 말씀이 맞긴 한데 그래도 이 전단지의 내용을 보면 귀가 솔깃해지는 것도 사실이예요. 보세요, 초역세권에, 인근 공장지대가 철거되고 그 자리에 아파트가 들어설 예정이라잖아요."

영민은 아들이 가져온 전단지를 유심히 살펴보았다. 전철역과 연결되는 상권이긴 하지만 그다지 유동인구가 많은 곳이 아닌데다 공장지대 철거는 말만 오갈 뿐 구체적인 계획이 나온 것도 아니었다. 영민은 조목조목 하나씩 짚어 가며 왜 이 광고가 과장된 건지 민호에게 일러 주었다.

"과장된 광고를 그대로 믿으면 곤란해. 광고에 현혹되지 않으려면 정확한 정보를 미리 알고 있어야지. 정보 없이 남의 말만 믿고 투자를 했다간 홀랑 까먹기 십상이야.”

“아빠는 도대체 그런 정보를 어디서 얻는 거예요?”

“그런 게 나와 있는 게 어디 있냐. 스스로 알아가야지. 경제 신문과 잡지, 전문 서적 뭐 그런 걸 읽다 보면 저절로 알게 돼.”

민호는 한숨을 내쉬었다.

“이제 학교 공부도 만만치 않을 테고 취업난에 대비해 취직 준비도 해야 할 텐데 언제 그런 걸 다 봐요.”

“하루아침에 다 알아 버리겠다고 생각하면 곤란해. 매일 매일 조금씩이라도 손에서 책과 신문을 놓지 않고 있으면 너도 모르는 사이에 전문가가 될 수 있단다. 그나저나 사람이 굶어 죽으라는 법은 없나 보다.”

“왜요?”

“너 같이 귀 얇은 사람들이 있으니까 허위 광고로 분양하는 업자나 전단지 찍어 내는 사람이나 다 같이 먹고 사는 거 아니겠냐.”

“아빠도 참.”

민호는 가볍게 눈을 흘겼다.

동물적인 감각으로 정보의 옥석을 가려라

저녁 늦게 민호의 방에 들어간 영민은 깜짝 놀랐다. 각종 경제 신문에 잡지, 증권·부동산 서적들이 민호의 책상 위에 빼곡하게 놓여 있는 것이었다. 신문 기사들이 이리저리 오려져 있고 빨간 색연필로 줄도 그은 폼이 나름대로 머리를 싸맨 것 같았다. 영민은 웃음이 나왔다.

"부자 박사 하나 나오겠구나."

"열심히 공부한다고 했는데도 여전히 뭐가 뭔지 잘 모르겠어요."

민호는 머리를 긁적였다.

"한술에 배가 부르겠니."

"신문마다 논조도 조금씩 다르고 전문 서적들도 주장하는 게 다 달라요. 어떤 책은 이제 부동산 투자는 끝났다고 하고 어떤 책은 부동산 투자가 여전히 희망적이라고 하고. 도대체 어느 장단에 춤을 춰야 할지……."

"그렇구나. 잠깐 거실로 나가자."

영민은 민호를 거실로 데리고 나왔다. 창밖으로 현란한 색으로 치장된 한강 다리가 보였다. 세계 어느 곳의 야경에도 뒤지지 않을 만큼 근사하다는 한강의 야경. 그 풍경을 매일 밤 거실에서 바라볼 수 있다는 건 일종의 특권이었다. 영민의 친구들은 이 집의 조망을 굉장히 부러워했다. 베란다에서 보이는 것이라곤 앞 동 아파트밖에 없는 데서 사는 그들은 자신들도 훗날 한강이 내려다보이는 아파트를 꼭 가지겠다고 주먹을 불끈 쥐곤 했다.

"건너편 한강이 보이지 않는 아파트와 우리 집처럼 한강이 바로 앞에 보이는 아파트. 너라면 어느 아파트를 사겠니?"

"당연히 한강이 보이는 아파트가 좋긴 하겠지만 가격이 다른 동에 비해 많이 비싸니 조금 싼 쪽으로 마음이 기울지 않을까요?"

"내가 이 집을 살 때도 우리 동은 다른 동에 비해 1억 가까이 비쌌단다. 이 집을 사겠다고 했을 때 사람들이 굳이 그럴 필요가 있냐고 했지. 한강 보이는 게 뭐 대수라고 1억이나 더 주냐는 거였어. 하지만 지금은 부동산 가격이 뛰면서 그 격차는 더 벌어졌지. 앞으로 웰빙에 대한 관심이 높아지면서 조망권은 더욱 중요해질 거야. 외국의 경우를 봐도 알 수 있단다."

민호는 고개를 끄덕였다. 현재 한강이 보이는 동과 그렇지 않은 동의 경우 층과 향에 따라 최고 4억까지 차이가 난다.

"정보를 많이 모으는 것도 중요하지만 자기만의 비전을 가지는 것도 중요해."

민호는 잠시 망설이다 입을 열었다.

"그래도 얼마 전에 충청도 땅을 사신 건 이해가 잘 안 가요. 행정수도 이전이 위헌으로 판결 난 뒤에 매입한 거잖아요. 가격도 하향세였고."

영민이 충청권의 땅을 샀을 때 주변 사람들은 고개를 갸웃거렸다. 이미 오를 대로 다 올랐고 그나마 행정수도 이전이 위헌으로 판결 나면서 값이 빠지는 땅을 왜 사냐는 것이었다.

"신문 사설을 보다 보니 그래도 수도의 기능은 분산되어야 한다는 내용이 있더구나. 그게 설득력이 있다고 봤지. 게다가 한 대기업이 그쪽에 공장을 세울 계획이라는 이야기도 들었고."

"아빠가 늘 말하는 동물적인 감각, 그걸로 승부를 건 거군요."

“맞아. 동물적인 감각이 필요하지. 하지만 이 감각은 선천적으로 타고나는 게 절대 아니야. 후천적으로 단련하는 것이지. 훈훈한 김이 나는 먹잇감을 놓친 사자는 점점 너 사나워지는 법 아니겠니? 많은 경험과 뼈아픈 실패를 겪다 보면 백전노장이 되는 법이야.”

“그렇군요. 저도 사실은 아빠가 실수했다고 생각했는데. 엄마도 이번엔 아빠가 뭔가 잘못 판단한 것 같다고 했구요.”

“하하. 엄마가 많이 말렸지. 그래서 충분히 알아듣게 설명했는데 너한테도 한 소리 한 모양이구나.”

부자는 호탕하게 웃었다. 영민은 아들이 조목조목 짚어 가면서 묻는 것이 제법 대견했다. 아직 애라고만 생각했던 아들이 어느새 든든한 동료가 된 것 같은 기분에 가슴이 뭉클해졌다.

“근데, 민호야. 묻고 싶은 게 있다.”

“물어 보세요.”

“천만 원을 손에 쥐었을 때 막 쓰고 싶지 않던?”

“왜 아니겠어요. 안 그래도 차 한 대 갖고 싶었는데 그냥 눈 딱 감고 경차 한 대 뽑을까도 생각했죠.”

"그런데?"

"참았죠."

"돈이 아까워서?"

"아깝다기보다 …… 폼 나게 폭스바겐 한 대 뽑자는 다짐을 했어요. 폭스바겐아 기다려라, 내가 간다!"

영민은 어이없다는 표정을 지으며 아들의 머리를 슬쩍 쥐어박았다.

"이 녀석아, 큰돈이 모이면 아껴서 더 큰돈 벌 궁리를 해야지. 홀랑 다 써버리면 그 다음엔 손가락 빨고 살 거냐?"

"아빠가 또 천만 원 주면 되잖아요. 그럼 그 돈 다시 불려서 세계여행 가죠 뭐."

민호는 혀를 슬쩍 내밀며 방으로 도망갔다. 한강 다리에 내려앉은 어둠을, 밝은 불빛을 밝힌 자동차들이 가르며 내달렸다. 영민은 문득 땅을 보러 아산에 내려갔던 일을 떠올렸다.

나만의 정보가 없으면 차라리 가만히 있어라!

경제 신문과 잡지, 투자 전문 서적들을 손에서 놓지 않고 열심히 읽다 보면 그 안에서 자신만의 비전을 찾게 된다. 확실한 비전이 없는 일에는 발도 담그지 말라. 서서히 빠져들어 헤어 나올 수 없는 늪일지도 모른다. 혹시나 하는 투자를 해서 종자돈까지 날리느니 차라리 가만히 있는 것이 낫다. 종자돈은 여전히 당신의 주머니 속에 있을 테니 말이다.

돈

　아산에 땅을 보러 내려가던 날은 5월 날씨 치고는 꽤 더웠다. 영민은 반팔 골프셔츠를 입었는데도 에어컨만 끄면 주체할 수 없을 만큼 땀이 흘렀다. 영민의 아내 채정화는 기분이 좋지 않은 터에 날씨까지 후텁지근하니 심하게 짜증이 났다.

　"도대체 충청도에는 왜 내려간다는 건지, 원."

　뒷자리에 앉은 민호와 호정도 모처럼의 휴일을 망쳤다는 생각에 인상을 찌푸리고 있었다.

지나치게 돈을 따라가면 틀림없이 실패한다

주말이어서 그런지 길은 주차장이나 마찬가지였다. 10분에 1미터씩 움직이는 것 같았다. 민호의 마음도 좋지 않았다. 모처럼 나들이나 나가볼까 하고 캡 모자에 선글라스까지 챙겨 나온 터였다.

"가까운 톨게이트에서 빠져서 그냥 점심이나 먹고 가면 안 돼요?"

민호는 조심스럽게 영민에게 물었다. 영민은 대답하지 않았다. 부동산 업자에게 아산 쪽에 좋은 땅이 나왔다는 말을 들은 터라 괜찮으면 아예 계약까지 하려고 마음먹고 먹고 있었다. 정화의 잔소리가 이어졌다.

"괜찮은 땅은 무슨 괜찮은 땅. 다 자기들 돈 벌자고 하는 말이지. 부동산 업자 말만 듣고 괜히 돈 날리고 시간 버리고 고생만 하는 거라구요. 안 봐도 빤하다니까."

영민은 정화를 놀리듯 잔뜩 거드름을 피우며 입을 열었다.

"그래도 어떻게 하겠어. 당신이 까먹은 거 내가 어떻게든 벌충해야지. 두 손 놓고 있을 순 없잖아?"

"아니 또 무슨 소릴 하려고 그래요?"

정화의 목소리가 더욱 날카로워졌다.

“엄마, 점심에 칼국수 먹어요. 바지락 많이 넣은 해물칼
국수!”

분위기가 점점 험악해지는 것을 보다 못한 호정이 화제
를 돌리려 애썼다.

“좋아, 좋아. 조개구이는 어때? 요새 조개가 물이 괜찮
을까요, 아빠?”

민호도 덩달아 분위기를 띄우려고 했다. 영민도 아이들
의 뜻을 알아챘는지 더 이상 아내의 심기를 건드리지 않았
다.

“배가 많이들 고프니? 조금만 참자. 일단 아산에 도착해
서 땅을 좀 본 후에 점심을 먹는 게 좋을 것 같다. 부동산
업자랑 약속한 시간이 얼마 안 남아서 말이야. 대신 일 끝
나면 아빠가 정말 근사한 점심을 사주지.”

하지만 심사가 뒤틀려 있던 정화가 영민의 말을 곱게 넘
기지 않았다.

“아니, 보나마나 똥값 될 땅 비싸게 사면서 무슨 근사한
점심을 먹겠다고 그래요?”

“아무리 땅값이 떨어져도 당신이 주식 상투 잡고 까먹은
것만 하려고.”

“뭐예요?”

정화는 기분이 상했지만 할 말이 없었다. 영민이 주식에서 그만 손 떼라는 말을 듣지 않고 계속 투자했다가 결국 주가가 폭락해서 꽤 많은 돈을 잃은 터였다. 평소 주식에 별 관심도 없다가 남들이 주식해서 돈을 좀 벌었다는 말을 듣고는 덩달아 투자했던 것이었다.

“당신이야 사실 운이 좋았지……. 소가 뒷걸음치다 쥐 잡은 꼴이나 마찬가지죠. 김포 땅값이 그렇게 오를 줄 누가 알았나. 김포 말고 그때 사려던 다른 곳은 아직도 제자리걸음인걸 뭐. 다른 곳을 샀다면…….”

정화는 영민을 물고 늘어졌다. 영민은 회사를 그만두면서 받은 퇴직금 중 일부로 김포 쪽의 땅을 사들여 공장에 세놓아 매달 적지 않은 임대수익을 올리고 있었다.

“그런 일은 없지. 왜냐면 그때도 벌써 김포 쪽이 훨씬 유망하다는 걸 예상했으니까. 내가 김포 땅 사기 전에 하루도 안 빼놓고 김포에 갔던 거 당신은 모르지? 전문가들도 얼마나 많이 만났는데.”

영민은 퇴직 후 적절한 투자처를 찾기 위해 평소에 알고 지내던 관련 업계 사람들과 술자리를 만들어 자문을 구하고 또 구했었다.

"불나방처럼 부동산이나 주식 열풍을 쫓아다니는 사람 치고 대단한 수익을 거둔 사람은 없어. 그저 마지막 꼭지나 붙잡고 통곡하지 않으면 다행이지. 호황이라고 우르르 몰리고 불황이라고 거들떠보지도 않는 습성으로는 절대 돈을 벌 수가 없어."

정화의 얼굴이 더욱 붉어졌다. 이야기를 나누는 사이 교통 정체가 서서히 풀려 차에 속도가 제법 붙고 있었다. 아무래도 도란도란 정답게 이야기를 나누면서 점심을 먹기는 다 틀린 일 같았다.

돈을 부릴 줄 아는 자가 돈의 주인이 된다

부동산 계약에 등장하는 주인공 두 명은 성격이 늘 비슷하다. 자신이 원하는 가격에 비해 비싸다고 생각하는 매수인과 자신이 받고 싶은 가격보다 싸게 판다고 생각하는 매도인. 양자 간의 충돌은 어쩌면 당연한 일이다. 소소한 충돌이야 중계업자에 의해 조정될 수 있지만 어느 한쪽이 무리하게 욕심을 부리면 계약 성사는 쉽지 않다.

영민의 계약은 생각보다 순조롭게 진행되었다. 땅이 마음에 들었던 영민은 애초에 매도인 쪽에서 제시했던 가격을 순순히 받아들였다. 정화가 옆에서 조금 더 깎아 주지 않으면 절대 살 수 없다고 바람을 잡자 오히려 그만하라고 조용한 목소리로 타일렀다. 하지만 욕심이 생긴 매도인이 조금 더 받아야 팔 수 있다고 슬쩍 가격을 올리자 더는 줄 수 없다고 단호하게 못을 박았다.

계약을 끝마친 영민은 기분 좋게 부동산 업자에게 정해진 수수료보다 1%를 더 얹어 주었다. 부동산 업자가 허리를 90도로 꺾으며 배웅을 했다.

"안녕히 가십시오, 사장님. 꼭 대박 나실 겁니다."

영민을 제외한 나머지 식구들은 어안이 벙벙했다. 계약 액수가 적지 않아 정해진 중계료도 꽤 되건만 굳이 1%나 더 얹어 준 영민의 의중을 알 수가 없었다. 정화는 옳다구나 하며 영민에게 퍼부어 댔다.

"잘난 척하던 당신도 돈이 새는 것은 어쩔 수가 없네요. 뭐 하러 업자에게 돈을 더 줘요? 단돈 만 원도 못 깎아 준 중개인한테."

영민은 정화가 빈정거리는 건 아랑곳하지 않은 채 주위

를 두리번거렸다.

"회를 먹을까 한정식을 먹을까?"

민호와 호정은 엄마의 표정을 살피느라 아무런 대답도 하지 못했다.

"역시 회가 좋겠지? 당신도 회가 더 좋지?"

정화는 대꾸도 하지 않는 영민이 얄미워 더욱 목청을 높였다.

"당신이나 많이 먹어요. 나는 속이 쓰려서 아무 것도 안 넘어갈 것 같으니까."

영민이 횟집 방향으로 핸들을 꺾으며 말했다.

"그게 다 투자요, 투자. 뿌려야 걷지, 뿌린 것도 없이 걷어지겠소? 그 땅을 잡을 수 있었던 것도 다 그 부동산 중계인 덕이지. 혼자서만 노력해서는 절대 부자가 될 수 없다구."

정화는 영민의 말에 동감을 하면서도 분이 풀리지 않았다.

"그래도 아깝다구요. 생돈 날아간 것 같잖아."

"길게 오래 봐야지. 두고 보라구. 또 좋은 물건이 나오면 나에게 제일 먼저 소개할 테니까. 결국 세상의 이치는

'give and take'야. 'take'하려면 먼저 'give'해야 한다구."

횟집에 들어선 호정이 배고픈 듯 배를 움켜쥐며 말했다.

"아빠, 나는 어쨌거나 내 '장기은행'에 투자 좀 해야겠어요. 아까부터 '장기은행'에서 밥 안 준다고 아주 난리야, 난리."

옆에 있던 정화도 덧붙였다.

"나한테도 투자 좀 해보시구려. 결혼하기 전에는 이것저것 많이도 사주더니 결혼한 후에는 아주 인색하기 짝이 없다니까."

영민이 무심하게 메뉴판을 들여다보며 정화를 놀렸다.

"20년 같이 산 마누라한테 'take'할 게 뭐가 있다고……."

정보를 가진 자에 대한 투자를 아끼지 말라

대부분의 사람들은 부동산을 사거나 주식을 매입하는 등의 직접투자만이 진정한 투자라고 생각한다. 하지만 더 중요한 것은 정보를 가진 자에 대한 투자이다. 인맥을 관리하는 일을 소홀히 해서는 안 된다. 당신이 모든 정보를 손아귀에 쥘 수는 없다. 당신이 문을 두드리면 언제라도 그들이 웃으며 문을 활짝 열도록 토대를 만들어라.

시간

　새벽에 화장실에 가려고 거실로 나온 민호는 깜짝 놀랐다. 아직 동이 트기 전인데도 영민이 운동복 차림으로 현관에서 들어오고 있었기 때문이다.

"운동 다녀오는 거예요?"

"그래. 새벽이라 시원하구나."

"도대체 몇 시예요?"

"6시 10분. 피곤하면 들어가서 더 자."

　분명 전날 영민은 민호보다 늦게 잠들었다. 민호는 거실에 앉아 심야 영화를 보다가 잠이 들었는데 그때까지도 영민은 식탁에 앉아 장부 정리를 한 뒤 책을 봤었다. 그런데도 새벽에 운동을 다녀오다니.

"고단하지도 않으세요? 어제도 늦게 주무시는 것 같더니."

"글쎄다. 운동하고 나니 개운한데?"

▪일찍 일어나는 새가 먹이를 찾는다

민호는 끝내 잠이 깨지 않는지 연신 하품을 해댔다.

"아빠, 전 아침잠이 많아 부자 되기는 틀린 것 같아요."

"그러게 말이다. 늦게 일어나는 부자 얘기는 별로 들어본 적이 없는 것 같다."

"다들 돈 벌 생각에 벌떡벌떡 일어나나 봐요."

"뭐야, 이 녀석이!"

민호는 도망치듯 방으로 들어가 몇 백억을 준다고 해도 바꾸고 싶지 않은 포근한 이불 속으로 숨어들었다. 도대체 부자가 된다는 게 뭐라고 포근한 이불을 박차고 일어나게 하는 걸까? 어쨌거나 폭스바겐 한 대만 사면 아빠처럼 돈 벌려고 애쓰는 일은 그만해야지. 온몸이 나긋나긋 녹아든 민호는 금세 잠이 들었다. 민호가 아침을 먹으러 식탁에 앉았을 때 영민은 벌써 아침 식사를 끝내고 거실에서 신문과 책을 잔뜩 쌓아 놓고 보고 있는 중이었다 눈이 잔뜩 부은 민호가 식탁에 앉으며 말했다.

"엄마, 아빠는 도대체 잠을 안 주무시나 봐요. 어제 저보다 늦게 주무셨는데 새벽 운동까지 다녀오고."

밥을 차려 주던 정화가 민호를 나무랐다.

"아빠가 잠이 없는 게 아니라 네가 너무 많이 자는 거야. 일요일이라고 아침 10시가 다 될 때까지 자면 되겠니. 식구들 밥 다 먹었는데 너 때문에 엄마가 밥을 또 차려야 하잖아. 이렇게 비경제적인 일이 또 어디 있어."

"정말 궁금해서 그러는데 돈 많은 사람 중에 아침에 늦게 일어나는 사람은 없대요?"

민호가 아빠를 바라보며 물었다.

영민이 웃으며 대답했다.

"글쎄, 없다고는 못하지만 흔하지는 않을걸?"

정화가 거들었다.

"엄마 친구 중에 일산 토박이 부자가 있어. 강남에 가지고 있는 건물이 두 개라 임대 수익만 해도 만만치가 않은데 그 집 아빠도 그렇게 부지런하다네. 일산에서 강남까지 차 막힐까봐 매일 새벽에 사무실에 나가 밤늦게야 집에 돌아온대.”

“재테크에서 절대적으로 필요한 게 바로 시간 아니냐. 신문도 봐야 하고 환율과 주식 시장도 살펴야 하고 최근에 분양을 시작한 상가에도 가봐야 하고 어디 시간이 남겠냐?”

민호는 괜히 말을 꺼냈다가 본전도 못 건진 기분이었다. 돈도 좋고 투자도 좋지만 아침잠을 포기하면서까지 부자가 된다 한들 행복할까 하는 생각까지 들었다.

“아빠, 저는 부자보다 인생의 진정한 행복을 찾는 사람이 되고 싶어요.”

생뚱맞은 말에 영민은 민호에게 다가가서는 읽던 신문을 돌돌 말아 민호의 머리를 한 대 툭 쳤다.

“으이그, 이 녀석아. 아주 매를 벌어라 벌어.”

쉬지 않고 투자하라

식사를 마친 민호가 뭔가 흥미로운 것을 발견한 듯 아빠 옆으로 갔다. 표지가 닳은 노트였다. 책과 책 사이에 끼어 있는 노트를 민호가 집어 들었다.

"아빠 이건 뭐예요? 5월 18일 수원역 근처 여관 건물 5억, 영통의 상가 4억 5천……."

영민은 깜짝 놀라며 민호가 보고 있던 노트를 낚아챘다.

"이리 내, 이 녀석아. 아빠 밥줄이다."

"투자 노트군요."

"그래. 투자 일지를 적은 거야. 기자들이 취재 수첩을 생명처럼 여기듯 이 투자 노트가 나에게는 생명과 같지. 그동안 투자한 것들과 투자하면 좋을 것들이 기록되어 있어."

민호는 다시 아빠에게서 노트를 건네받아 꼼꼼히 읽기 시작했다.

"와. 아빠 정말 대단한데요. 부동산에만 관심을 가지는 줄 알았더니 주식도 꽤 했네요? 근데, 가만있어 보자. 어제 날짜로 매입을 했네요. 요새처럼 주식이 천대받는 시기에 매입을 하다니 어떻게 된 거예요?"

영민은 야릇한 미소를 지어 보였다.

"슬슬 살 때가 된 것 같아서. 신문이나 방송에서 매일 알려주잖니. 지금이 주식을 살 때라고."

"네? 정말로 신문과 방송에서 그렇게 이야기해요?"

영민은 민호가 놀라는 폼이 우스워 계속 아들을 놀려 댔다.

"그래. 못 들었니? '주식 사세요, 빨리 사세요, 지금 사야 돈 법니다' 하고 매일 나오잖아."

"에이 설마."

민호가 아빠가 농담하는 것을 알아채고는 채근하듯 물었다.

"솔직히 말해 주세요. 왜 매입을 했는지."

"내가 한 말이 전부 농담은 아니다. 신문과 방송을 유심히 보면서 사고 팔 시기를 정하는 거야. 주가가 크게 올랐다는 말이 나오기 시작하면 슬슬 팔 준비를 하지. 그리고 주식이 폭락했다는 소식이 들리면 다시 매입 준비를 하는 거야."

"다른 사람들과 반대 방향으로 가는군요."

"흔히 주식 투자 하는 사람들끼리 하는 말이 있어. 주식은 무릎에서 사서 어깨에서 팔아야 한다. 사람들이 알면서도 잘 실천하지 못하는 말이지. 머리끝에서 팔아 혼자 수익을 다 챙기겠다는 욕심을 가지면 곤란해. 애초에 목표 수익률을 정해 놓고 거기에 도달하면 나머지 이익은 다른 사람에게 넘겨주고 나와야지.”

민호는 영민을 새삼 존경스런 눈으로 쳐다보았다.

‘역시 아빠는 운이 좋아서 투자에 성공한 게 아니야.’

민호는 다시 한 번 영민의 노트를 들춰 보다 노트 앞장에 적힌 숫자를 보고는 영민에게 물었다.

“아빠, 근데 이 앞에 적혀 있는 24는 뭐예요?”

“뭐긴 뭐야 일련번호지. 스물네 번째 투자 노트라는 말이야.”

“네? 벌써 스물네 권이나 쓴 거예요?”

영민이 깜짝 놀라는 민호에게 말했다.

“아, 그럼. 이 녀석아, 내공이 저절로 쌓이더냐. 다 오랜 수련을 통해 얻는 것이지. 흠흠.”

민호의 놀란 입은 쉽게 다물어질 줄 몰랐다.

마침 친구를 만나러 나가려던 호정이 아빠를 보고는 부리나케 달려와 옆에 찰싹 붙어 앉았다. 뭔가를 조를 때 취하는 자세였다.

꾸준한 자가 결국 승리한다

누군가 주식으로, 혹은 부동산으로 큰돈을 벌었다는 소식을 들으면 당신은 갑자기 바빠진다. 평소에 잘 들춰 보지도 않던 신문을 꼼꼼히 읽고 부동산 관련 서적들을 서점에서 싹쓸이 해 집으로 들어온다.

그러나 당신의 빛나는 열정은 금세 식는다. 어느덧 당신은 다시 밤늦게까지 술을 마시고 휴일에는 늦잠을 즐기는 게으른 자로 돌아온다. 신문은 펼쳐지지도 않은 채 재활용 박스로 들어가고 줄줄이 사 모은 서적들 위에는 먼지가 빼곡하게 쌓인다.

잠깐 동안의 열정으로는 절대 투자에서 성공하지 못한다. 오히려 자칫 잘못했다가는 모아 놓은 돈까지 날려 버릴 수 있다. 투자에 대한 공부는 평생 동안 해나가야 하는 숙제와 같다. 오늘만 하고 말 일이 아니라 내일도 하고 모레도 하고 1년 후에도, 10년 후에도 계속해야 한다. 하루치 숙제를 하지 않으면 다음 날 해야 할 숙제가 두 배가 된다는 진리를 명심하라.

욕심

민호가 유난히 진지한 눈빛으로 신문을 보고 있었다. 무슨 재미있는 기사가 난 걸까? 영민은 민호 뒤로 돌아가 민호가 보고 있는 신문 기사를 흘깃 훔쳐보았다.

"뭐가 그렇게 재미있는 거냐?"

민호는 마치 영민을 기다렸다는 듯이 뿌듯한 표정으로 말했다.

"투자 공부하고 있죠."

영민은 조금 더 유심히 신문 기사를 살폈다. 주식에 관련한 기사였다.

투자 수익은 가능한 한 재투자하라

"그래 읽으니까 뭘 좀 알 것 같긴 하고?"

영민은 나름대로 뭔가 열심히 공부하는 듯한 민호가 기특해 보였다.

"일단 살펴보고 있는데 모르죠 뭐."

영민은 농담 반 진담 반으로 엄포를 놓았다.

"어디 두고 보자, 얼마나 실력을 보여 주는지. 다 까먹으면 국물도 없어! 아빠가 벌충해 주거나 하는 일은 꿈도 꾸지 마라."

민호는 입을 삐죽거렸다.

"알았다구요. 돈이 좀더 많으면 부동산에 투자해 보고 싶은데."

영민은 민호의 말에 조용히 고개를 끄덕였다. 사실 액수가 크다면 부동산에 투자하는 것만큼 확실한 것이 없다. 서울 인근 지역의 재개발 가능성이 있는 아파트를 사놓는다면 10년 후 최소한 5~6배는 남을 것이다. 하지만 벌써부터 민호가 부동산을 기웃거리고 다니는 것은 옳지 않다고 생각했다. 젊은 시절은 어느 정도 혹독하고 치열하게 보내는 게 좋을 것 같았다.

"주식노 살하면 꽤 남는 장사란다. 대신 남는 장사를 하려면 계속해서 노력해야겠지. 공부도 많이 해야 하고."

"맞아요. 게다가 주식은 부동산처럼 묻어 두는 게 아니라 그때그때 조금씩 손에 떨어지는 게 있으니 훨씬 더 좋은 것 같아요."

"이 녀석아, 투자해서 수익을 냈으면 그걸 가지고 다시 투자해야지, 번 걸 홀딱홀딱 써버리면 어떻게 하냐. 네 자본이 많을수록 수익이 점점 더 늘어날 텐데."

민호를 나무라긴 했지만 영민의 마음은 훈훈했다.

■ 욕심은 반드시 화를 부른다

영민은 한껏 다정한 목소리로 민호에게 다시 물었다.

"그래, 무슨 종목에 투자하려고?"

민호는 자신만만하게 대답했다.

"코스닥 쪽에서 괜찮은 걸 찾아볼까 해요."

"뭐? 코스닥에서?"

영민의 언성이 갑자기 높아졌다. 민호는 알 수 없다는 표정을 지었다. 영민은 양미간을 찌푸리며 이야기했다.

"코스닥이 위험한 걸 몰라서 하는 말이냐? 신문을 꼼꼼히 보면 알 수 있잖아. 코스닥은 네가 생각하는 것처럼 만만하지가 않아. 작전세력이 붙기도 하고 밀물처럼 몰렸다가 어느새 썰물처럼 빠져나간다고."

민호가 억울하다는 투로 말했다.

"아빠는 …… 무슨 말씀이세요. 옛날처럼 그렇지만은 않아요. 다 체크를 하고 있는데 무슨 작전이 있겠어요. 불공정 거래 징후가 나타나면 바로 적발이 될 텐데요, 뭘."

영민은 한숨을 쉬었다. 한때 코스닥 열풍이 대단했었다. 어마어마한 돈이 코스닥에 몰렸고 그중 일부는 잭팟을 터뜨리기도 했다. 영민 역시 코스닥 열풍에 휘말려 적지 않은 돈을 투자했었다. 만 원에 산 주식이 금세 5만 원이 되고 10만 원이 되기도 했다. 하지만 천 원으로 떨어지는 것도 순식간이었다. 코스닥의 황제주라고 불리던 것들 중에는 아예 회사가 없어져 버려 휴지조각보다도 못한 신세가 된 것들도 많았다. 영민은 흥분해서 말했다.

"홀랑 까먹지 않으려면 거래소로 눈을 돌리는 게 좋겠다."

민호는 순순히 말을 듣지 않았다.

"에이, 거래소에서 수익을 내봐야 얼마나 내겠어요. 이왕 하는 주식 투자 좀더 수익률이 좋은 데서 해야죠."

영민이 답답하다는 듯 가슴을 쳤다.

"제대로 투자하려면 아직 멀었구나, 멀었어."

미래형 자산 승부사 여운봉의 뼈 있는 충고
대박이 있는 곳에 쪽박도 있다

큰 이익을 원하는 당신의 등 뒤에는 큰 손실이라는 반대의 이름을 가진 가능성이 존재한다. 당신의 아슬아슬한 투자는 그래서 위험하다. 성에 차지 않을지라도 안전한 길을 가라. 작은 이익이라도 차곡차곡 모이면 나중에는 만만치 않은 액수가 된다. 당신은 그런 재미를 붙일 필요가 있다. 때로 지루하겠지만 시간이 흐른 뒤에 보면 주머니는 상상 외로 크게 부풀어 있을 것이다.

소비

"아빠, 저번에 이야기했던 MP3 플레이어는 언제 사주실 거예요?"

고등학교 1학년이 된 호정은 대뜸 빚쟁이처럼 아빠를 독촉했다. 공부에 필요해서 MP3 플레이어가 꼭 있어야 한다는 것이었다.

물론 영민은 호정이 공부를 위해 MP3 플레이어를 사달라는 게 아니라는 것을 모르지 않았다. 그럼에도 딸아이의 간청을 들어준 이유는 호정이 유달리 팝송을 좋아해 밤낮으로 음악을 틀어놓고 지내기 때문이었다. 정확한 발음으로 또박또박 말하는 영어를 듣는 것만이 영어 공부는 아닐

것이다. 영어도 결국 말 아닌가. 노래든 뭐든 따라서 흥얼거리다 보면 저절로 실력이 붙을 것이다.

■현명한 부자는 합리적으로 소비한다

영민은 기다렸다는 듯 호정에게 말했다.

"그래. 아빠가 알아봤다. 아빠 컴퓨터에 붙여 놓은 노란색 메모지 좀 가져와 봐."

호정은 뭔가 싶어 얼른 안방으로 달려갔다. 잠시 후 안방에서 나오는 호정의 입이 닷 발은 나와 있었다.

"이게 뭐예요. 가격 비교 사이트 보고 적어 놓은 거예요?"

"그래. 아빠가 다 조사해 놨다. 그중에서 하나 골라라."

호정은 메모지를 살피다 금세 미간을 찌푸리며 툴툴거렸다.

"이거 다 싼 모델들만 골라 놓은 거잖아요? 아빠는 참. 돈도 많으면서 꼭 이렇게 자린고비처럼 군다니까. 백화점에 가서 그냥 마음에 드는 거 하나 골라라, 하면 어디가 덧나요? 이런 거 사느니 안 사는 게 나아요."

영민이 보란 듯 메모지를 접으며 호정에게 엄포를 놓았
다.

"싫으면 말아라. 아빠는 돈 굳어서 좋지 뭐."

호정은 부엌에 있던 엄마에게 하소연했다.

"엄마, 아빠는 꼭 저런다니까. 얼마 차이 난다고 그냥 좋
은 걸로 하나 사주면 안 돼요?"

정화가 빙그레 웃었다.

"싸구려만 골라 놓은 건 아닐 걸. 너희 아빠가 나쁜 거
고르는 사람은 아니잖니. 아마 가격에 비해 좋은 것들만
골랐을 거다."

영민은 지원군을 만난 듯 어깨에 힘이 들어갔다.

"역시 당신이 알아주는군. 인터넷에서 모델들 잘 살펴
봐. 가격이 저렴하긴 해도 메모리도 적당하고 기능도 편리
한 것들로만 골랐으니까."

호정은 안방으로 가서 컴퓨터를 켰다. 한참동안 이것저
것 살펴보던 호정은 여전히 마음이 풀리지 않았다.

"다 봤어요. 아주 무난한 것들로만 골라 났네요. 근데 색
깔들이 다 칙칙한 것들밖에 없어요. 디자인도 투박하고."

"사용하는 데는 문제가 없다는 말로 들리는구나."

“그렇긴 한데, 이런 거 가지고 다니면 친구들이 한마디씩 할 걸요. 촌스럽게 왜 이런 걸 샀냐고.”

영민은 딸아이의 손을 잡았다.

“호정아. 그 말 한마디 듣는 게 그렇게 싫으니? 정 그렇다면 아빠가 몇 만 원을 더 주고라도 네가 원하는 걸 사주마. 하지만 잘 생각해 봐. 네가 좋아하는 팝송을 듣는 일에는 아무런 문제가 없는데 친구들이 한두 마디 던진다고 몇만 원을 낭비할 필요가 있을까? 최신 모델도 몇 달 지나면 구형 모델이 되잖아. 차라리 무난한 모델을 사는 게 질리지 않고 오래 쓸 수 있을 것 같은데.”

호정은 아무 말 없이 머리를 숙였다. 그래도 마음속으로는 최신 모델을 사고 싶다는 생각이 가시질 않았다.

‘몇 만 원 가지고 너무한다니까.’

그러나 아빠가 저렇게까지 이야기하니 선뜻 자신의 뜻을 밝힐 수가 없었다.

“알았어요. 아빠가 적어 놓은 것 중에 위에서 두 번째 걸로 사주세요. 그게 그나마 제일 나아요.”

영민은 함박웃음을 지으며 호정에게 선심을 쓰듯 지갑을 열어 만 원짜리 몇 장을 건네주었다.

"그래, 알았다. 대신 네가 원하는 모델과의 차액 7만 원은 용돈으로 주지."

호정이 이게 웬 횡재냐는 표정으로 아빠를 바라보았다. 영민은 잊지 않고 한마디 덧붙였다.

"다 쓰지 말고 저금해. 나중에 대학 가서 너도 투자하려면 종자돈이 필요하지 않겠니?"

호정은 아빠가 그럴 줄 알았다는 듯이 대꾸도 하지 않은 채 돈을 움켜쥐고 밖으로 나갔다. 딸의 뒤통수에 대고 영민은 한마디 덧붙였다.

"흥청망청 써버리지 마라. 나중에 모이면 큰돈 된다!"

호정이 아빠의 말을 들었는지 나갔다 다시 현관문을 열고 들어와선 약 올리듯 한마디 던지고 다시 나갔다.

"청바지 하나 살 거예요. 나에 대한 투자도 투자 아닌가요?"

무조건 아낀다고 능사는 아니다

저녁 무렵 집에 돌아온 호정의 손에는 쇼핑백 하나가 들려 있었다. 영민은 실망스런 마음이 들었지만 크게 나무라지는 않았다. 아직까지는 사고 싶은 것이 많고 가지고 싶은 것이 많은 나이 아닌가.

동창들과의 모임이 있었던 영민은 서둘러 옷을 차려입고 나갈 준비를 했다. 얼마 전 백화점에서 새로 산 양복을 꺼내 입자 호정의 눈이 휘둥그레졌다.

"아빠, 이거 명품 아니에요, 명품?"

"그래, 좋아 보이냐?"

호정이 알 수 없다는 표정을 지어 보였다.

"아빠는 정말 뭐가 뭔지 모르겠어요. 어쩔 땐 자린고비처럼 굴다가도 이런 어마어마한 가격의 명품을 입질 않나. 도대체 무슨 바람이 불어서 이런 걸 다 산 거예요?"

다달이 들어오는 고정 수입만 해도 웬만한 월급쟁이의 몇 배나 되면서도 물건 하나 살 때는 신중에 신중을 기하는 아빠가 무슨 바람이 불어 명품 양복을 샀는지 정말 놀라운 일이었다. 옆에서 엄마가 거들었다.

"모든 옷을 명품으로 치장할 필요는 없지만 한두 벌 정도는 최고급 옷을 가질 필요가 있겠더구나."

"왜요?"

"우리가 사람을 대할 때 그 사람의 무엇을 제일 먼저 보겠니. 일단 외모와 차림새를 보겠지. 꼭 명품이 아니라도 어느 정도 차려입은 사람을 신뢰하게 되는 건 당연한 일이야."

불과 얼마 전까지만 해도 영민은 좀 차려입고 다니라는 아내의 말을 크게 염두에 두지 않았었다. 그러다 몇 달 전 사업을 하는 친구들 모임에 갔다가 친구들의 차림새에 은근히 기가 죽었다.

그동안 영민은 내실 있는 자산이야말로 자신의 자부심이라고 생각해 외모나 옷에는 별로 신경을 쓰지 않았었다. 본격적인 술자리에 들어가자 친구들은 자신들의 사업과 경제 제반에 대해 이야기하면서 핵심 위치에 있는 사람만이 알 수 있는 고급 정보들을 서로 나누기 시작했다.

영민은 그때 이상한 경험을 했다. 분명 그들이 대놓고 자신을 무시하거나 소외시킨 것도 아닌데 스스로 위축되는 듯한 느낌을 받았던 것이다. 영민은 그들의 반짝이는 금빛 단추 그리고 고급스러운 문양의 로고들을 보면서 마른 침을 삼켰다. 게다가 차림새가 반듯하고 정갈하면서 고급스러운 친구의 말에 더 솔깃한 기분이 드는 것이었다.

정화가 이어서 말했다.

"요 앞 공인중개사 아저씨 봐. 외제차 타고 다니는 아저씨 말이야. 공인중개사 해서 얼마나 번다고 외제차를 타나 싶은 생각이 들었는데 알고 보니 그 아저씨의 계약률이 대단히 높더라구. 바람직한 일은 아니지만 고급스런 외양이 신뢰감을 주는 건 어쩔 수 없는 이치지. 게다가 그렇고 그런 양복 여러 벌 살 돈으로 차라리 고급 양복 한 벌을 사는 게 훨씬 낫기도 해. 잘 관리하면 10년도 넘게 입을 수 있거든."

영민이 맞장구를 쳤다.

"네 엄마 말이 맞다. 거실에 있는 물소가죽 소파를 봐라. 물소가죽 소파 살 때 엄마랑 나랑 얼마나 망설였는지 아니. 인조가죽이나 천소파와 비교할 수도 없을 만큼 비쌌지. 하지만 그때 내린 결론은 하나를 사더라도 제대로 된 것을 사자는 거였어. 만일 그때 물소가죽 소파를 안 샀다면 그 사이에 한두 번 소파를 바꿨을 거야. 그런데 지금 8년을 썼는데도 여전히 고급스럽고 안락하잖니."

호정은 웃으며 고개를 끄덕였다.

"예, 예. 두 분 말씀이 다 옳습니다요. 그런 의미에서 저

도 오늘 사온 싸구려 청바지는 저리 치워 버리고 명품 청
바지 한 벌 사 입어야겠네요. 왜 이렇게 공부가 안되나 했
더니 명품이 없어서 그런가 봐요."

영민이 놓치지 않고 한마디 던졌다.

"너는 학생이니까 옷을 명품으로 입을 게 아니라 머리를
명품으로 만드는 게 더 시급한 일인 것 같은데. 이제 가서
공부해!"

부자의 소비문화를 본받아라

당장 필요하진 않지만 초특급 할인을 해주는 물건을 덥석
잡았다면 이미 당신은 가난한 소비를 하고 있는 것이다.
부자들이 물건을 살 때 우선으로 치는 것은 '저 물건이 나
에게 꼭 필요한지'이지 '가격이 저렴한지'가 아니다. 꼭
필요하지는 않음에도 싸다고 사들인 수많은 옷가지들, 이
미 당신의 옷장을 점령하고 있지는 않은가? 한 가지를 사
더라도 꼭 필요한 것, 그리고 오랫동안 쓸 수 있는 좋은 품
질의 것을 구입하라. 결과적으로는 그것이 불필요한 낭비
를 줄이는 길이다.

지출

12시가 넘었는데도 민호가 들어오지 않자 영민은 걱정이 돼 집 밖으로 나갔다. 민호는 여름방학이 되고부터 친한 친구들과의 술자리가 부쩍 잦아지고 있었다. 천만 원을 열심히 불려 투자 전문가가 되겠다는 다짐은 온데간데없이 내키는 대로 흥청망청 지내는 것 같아 걱정스런 마음이 들었다.

아파트 입구 쪽에 택시 한 대가 서더니 민호가 내렸다. 술을 꽤 마셨는지 비틀거리는 것이 불안해 보였다. 영민은 화가 치밀었지만 마음을 가라앉히고 민호에게 다가갔다.

▪새는 돈을 막지 않으면 부자가 될 수 없다

"많이 마신 모양이구나."

민호는 깜짝 놀라 하마터면 넘어질 뻔했다.

"아, 아빠."

"택시 타고 들어온 거냐?"

"네. 차가 다 끊겨서."

안 그래도 취기로 붉은 민호의 얼굴이 더욱 붉게 물들었다.

"어쨌거나 무사히 왔으니 다행이다. 들어가 쉬어라."

영민은 아무래도 민호가 불안해 보였다. 투자니 뭐니 바람만 들었지 정작 내실은 없어 보였다. 투자는 제대로 하고 있는 걸까? 영민은 밤새 잠을 이루지 못했다.

다음 날 아침 푸석푸석한 얼굴로 콩나물국을 먹고 있는 민호에게 영민이 나직이 말했다.

"지난 한 달 동안 쓴 돈이 얼마가 되는지 한번 적어 와 봐. 카드로 쓴 것과 현금으로 쓴 것 모두 생각나는 대로 적어 봐. 단돈 백 원이라도 생각나면 다 적어!"

민호가 머리를 긁적이며 대답했다.

"그게 기억이 다 날까 모르겠네요. 일일이 생각하면서 쓰는 것도 아니고……."

애써 화를 누르고 있던 영민이 벼락같이 화를 냈다.

"뭐라고? 그걸 말이라고 하는 거냐? 단돈 백 원을 쓰더라도 생각하고 또 생각하면서 써야지. 오늘 저녁까지 생각나는 대로 다 써 와! 내가 기본적인 준비도 안된 놈한테 투자 운운한 것 같구나."

민호는 하루 종일 수첩을 들고 다니며 쓴 돈이 생각날 때마다 차례차례 적어 나갔다. 처음엔 하나도 생각날 것 같지 않더니 하나하나 따져 보니까 그런대로 생각이 나기 시작했다. 항목 하나를 적을 때마다 민호는 가슴이 콩닥거렸다.

'생각보다 쓴 곳이 많은데.'

한 달 동안 택시 탄 날만 해도 10일. 한 번에 만 원 정도 들었으니까 어림잡아 보아도 10만 원은 넘었다. 술 마신 날 택시를 탔으니 술 마신 날도 10일인 셈이다. 일차는 얻어먹었다고 해도 이차는 샀고 일, 이차를 얻어먹은 후에는 며칠 후에 똑같이 쏘았으니 매번 3~4만 원씩은 쓴 셈이었다. 그리고 밥값, PC방 게임비 등 생각나는 것만 따져도 70만 원은 넘었다. 아마 생각나지 않는 것까지 합치면 80만 원은 훌쩍 넘을 것이다.

민호는 가슴이 철렁 내려앉았다. 한 달에 40만 원 정도 쓰는 것 같다고 생각하고 있었는데 그 배를 쓰고 있는 줄은 꿈에도 몰랐던 것이다. 민호는 아빠에게 혼날 걱정보다는 이렇게 많은 돈을 쓰고 있었나 하는 자책감에 한동안 멍하니 앉아 있었다.

저축하고 남은 돈을 소비하라

메모지를 내민 민호는 몸 둘 바를 몰랐다.

"아빠, 생각보다 쓴 돈이 많아요."

영민은 민호가 내민 종이를 꼼꼼히 살펴보았다.

"택시비 10만 원, 술값이 30만 원, 게임비가 10만 원……."

"죄송해요, 아빠."

민호는 머리를 조아렸다. 불호령이 떨어질 게 틀림없었다. 단돈 만 원을 쓰더라도 심사숙고하는 아빠가 아닌가. 게다가 아빠는 평생 택시라고는 타지 않았다. 승용차를 몰

고 다니긴 하지만 혹 막히는 시간에 길을 나서거나 술 약
속이 있을 때는 어김없이 지하철이나 버스를 이용한다.

잔뜩 겁을 집어먹은 민호. 하지만 영민은 너털웃음을 터
뜨렸다.

"아주 신나게 놀았구나."

"네?"

"보아하니 여자 친구도 없이 매일 남자 친구들하고만 논
것 같은데."

"그걸 어떻게……."

"척 보면 알지, 이 녀석아. 영화 보거나 맛있는 밥 한 끼
안 먹고 진탕 술이나 퍼먹고 게임하느라 돈을 다 썼으니까
하는 말이지."

영민은 민호에게 물었다.

"이 중에서 아빠가 제일 화나는 부분은 택시비구나. 도
대체 뭣 때문에 택시를 이렇게 자주 탄 거냐?"

"차가 끊겨서 어쩔 수가 없었어요."

"차 끊기기 전에 들어오면 되잖아."

"그게 생각만큼 쉽지가 않더라구요. 차 끊기기 전에 집
에 가야 한다고 하면 다들 택시 타면 되는데 분위기 망칠

거냐고 하고, 그게 습관이 되다 보니까⋯⋯."

"친구들이 전부 그 모양이야? 앞으로 그 친구들하고 술 마시면 안 되겠구나."

웬만하면 좋게 이야기를 하려고 했던 영민의 표정이 굳어졌다.

"그나저나 한 달 용돈으로 주는 돈 30만 원을 제외하고 나머지 돈은 어떻게 융통한 거냐?"

"그게⋯⋯."

영민은 뭔가 짚이는 것이 있는지 갑자기 통장을 가져와 보라고 소리를 질렀다. 잔뜩 겁을 먹은 민호가 통장을 가져왔다. 천만 원 중에 170만 원이 빠져나가 있었다. 영민은 실망스런 마음을 감추지 못했다.

"고양이에게 생선을 맡긴 격이지. 내가 너를 한참 잘못 봤다. 약속대로 이 돈은 술값으로 다 써도 좋다. 대신 부자가 되겠다는 바람은 아예 접는 것이 좋겠다. 너처럼 길바닥에 흥청망청 돈 뿌리고 다니는 놈한테 몇 억이 쥐어진다 한들 그 돈이 얼마나 가겠어! 당장 네 방으로 들어가!"

영민은 터질 듯한 화를 주체할 수 없었다. 돈을 불려 놓지는 못할망정 설마 흐지부지 써버릴 줄은 생각지도 못했다.

'문제가 뭘까?'

아이들에게 어릴 적부터 근검절약하는 모습을 늘 보여주었던 영민은 도대체 왜 민호가 저렇게 소비적인 아이가 되었는지 알 수가 없었다. 생각해 보면 민호는 고등학교 때까지 별 문제가 없었다. 한 달에 5만 원 정도의 용돈을 주어도 모자라다는 말 한마디 없이 지내던 아이였다. 간혹 용돈의 범위를 벗어난 고가의 물건이 필요하다거나 갖고 싶다고 하면 시험 끝난 후에나 생일선물로 사주곤 했다.

'30만 원이 너무 적나?'

아무리 그렇다고 하더라도 버는 돈이 없는 대학생에게 30만 원은 적은 돈이 아니었다. 영민은, 친구들을 만나고 저녁 늦게 들어온 아내에게 민호가 쓴 지출 내역을 보여주었다.

"여보, 도대체 민호가 왜 이렇게 돈을 많이 쓰는지 모르겠어."

정화는 내역을 흘끔 보고는 깜짝 놀랐다.

"아니, 얘가 미쳤나! 진짜 이걸 민호가 다 썼단 말이에요?”

“그러게 말이야. 게다가 내가 투자하라고 준 돈을 야금 야금 까먹고 있더라구.”

“안 되겠어요. 다음 달부터는 교통비와 식비, 책값을 제외한 나머지 액수를 전부 저금하라고 해야겠어요. 돈이 없어야 안 쓰지, 있으면 계속 쓰게 된다니까요.”

영민은 무릎을 탁 쳤다.

“맞아, 내가 왜 그걸 생각 못했지?”

영민은 항상 한 달 수입 중에서 일단 저축할 부분을 먼저 떼어 놓은 뒤 남은 돈의 범위 안에서 생활하려고 애썼다. 그러다 보니 저절로 자린고비가 될 수밖에 없었다. 수입이 많아져도 늘어난 만큼 저축을 늘릴 뿐 생활비를 늘리진 않았다. 빠듯하게 살다 보니 어디에 얼마가 들어가는지 정확하게 파악할 수 있었기 때문에 그 이상은 지출하지 않을 수 있었다.

영민은 그 동안 민호에게 용돈을 주기만 했지 그 돈을 어디에 어떻게 써야 하는지에 대해서 생각해 보라고는 하지 않았다. 민호가 5만 원을 받다가 갑자기 30만 원을 받

게 되었을 때 얼마나 풍족한 기분이 들었을지는 두말할 나
위도 없다. 민호는 여윳돈이 많다고 생각하고는 별로 주의
를 기울이지 않고 돈을 썼던 것이다.

영민은 민호를 불렀다. 잔뜩 얼어붙은 민호가 아빠 앞에
무릎을 꿇고 앉았다.

"곰곰이 생각해 보니 아빠도 잘못한 것이 있더구나. 너
에게 주어진 돈을 쓰는 방법을 제대로 알려주지 않았어.
이제부터는 규모 있게 돈을 쓰는 법을 알려주마."

영민은 먼저 30만 원 중에서 10만 원은 무조건 저축하
라고 했다. 그리고 매일 들어가는 식비와 교통비로 12만
원, 책값으로 3만 원을 떼어 놓았다.

"자, 그러면 이제 한 달 동안 여유 있게 쓸 수 있는 돈은
5만 원이다. 이 돈을 가지고 친구들과 한 달에 한두 번쯤
술을 마시면 되겠구나."

민호는 머리를 긁적였다.

"네, 아빠. 아빠 말씀대로 정해 놓은 범위 안에서 써야겠
어요."

"이전처럼 술 먹고 택시 타면 어떻게 되는지 알고 있

지?"

"네, 며칠은 차비 아끼느라 걸어 다녀야 할 테고 한동안 점심은 굶어야겠죠."

부자는 크게 웃었다.

미래형 자산 승부사 여운봉의 뼈 있는 충고
단돈 만 원의 용처도 분명히 하라

주어진 돈을 가지고 계획을 세울 때는 두루뭉수리하게 대충 세우기보다 계산기를 두드려 가며 정확히 세우는 것이 좋다. 총 지출액이 13만 5천 원이라면 굳이 여웃돈을 붙여 14만 원으로 떼어놓을 필요는 없다. 여웃돈은 말 그대로 당신에게 지나친 여유를 준다. 여웃돈 때문에 당신은 한두 번 정도 정해 놓은 범위를 초과하여 지출할 것이고 그것은 곧 습관이 된다. 규칙은 빠듯할수록 좋다. 느슨하게 만들어진 규칙은 없느니만 못하다.

재테크의 독과
약을 명확히 구분하라

하버드대 MBA 출신의 CEO들에게 다음과 같은 설문조사를 했다. 비즈니스에서 성공하기 위해 가장 중요한 조건이 무엇이냐고 물었는데 이 설문에 대한 대답으로 '인간관리'가 85%로 가장 높았고 업무능력이나 기술은 15%에 지나지 않았다고 한다.

이 결과는 '비즈니스에서 가장 중요한 것은 인맥'이라는 것을 의미한다. 유대인의 지혜가 담겨 있는 《탈무드》에는 '가난해도 부자의 줄에 서라'라는 격언이 있는데 이는 '부자들의 사고방식을 익히라'는 점을 강조하는 것이다. 부자 아빠들은 능력 있는 사람들과 꾸준히 관계를 유지하고 정성으로 인맥을 관리한다.

휴먼 네트워킹 분야의 세계적인 전문가인 다이앤 C. 달링이 사용하는 인맥 파악법에 따르면 도움을 청하는 전화를 할 경우 48시간 내에 응답을 주는 사람이 당신의 인맥이다. 당신이 누구를 알고 있느냐가 문제가 아니라 누가 당신을 아는가가 중요한 문제인 것이다.

재테크에도 스승이 필요하다

주위에는 뛰어난 투자 안목으로 높은 재테크 성공률을 자랑하며 보통사람들이 상상하는 것 이상으로 수익을 올리는 부자 아빠들이 있다. 이런 부자 아빠들을 보면 증권회사 지점장급들이나 거물급 부동산 중계업자들은 물론 경제 관련 교수 등의 전문가들과 상당한 친분을 갖고 있는 게 대부분이고 전담 세무사까지 있는 경우도 많다. 재테크 스승들과 깊은 유대관계를 맺고 있는 것이다.

이런 재테크 스승과의 인맥 형성은 별다른 노력 없이 저절로 만들어지는 게 아니다. 꾸준히 소개도 받고 사적인 자리를 가지면서, 하나의 정보라도 소중히 하려는 태도를 바탕으로 해서 인맥은 형성되는 것이다. 어리석은 사람들은 자신의 판단과 신념에 근거해 투자를 하려고 한다. 하지만 재테크 스승의 전문적인 조언이 없다면 결국 상당한 위험에 노출될 수밖에 없고 큰 낭패를 보기 일쑤다. 재테크 스승을 인맥으로 연결해 놓으면 자신의 독선적인 판단이 빚을 수 있는 위험을 막아 주고 새로운 기회를 열 수 있다.

이제 막 투자에 눈을 뜬 아이들에게는 아빠가 재테크 스승이 되는 것이 좋다. 가장 가까이에서 늘 조언을 구할 수 있는 아빠가 돈을 벌고 관리하는 습관, 경제의 흐름을 읽는 방법을 자녀에게 알려주고 익히게 한다면 아이는 빠른 시간 안에 재테크의 귀재로 성장할 수 있다.

인맥을 넓히는 데는 몇 가지 법칙이 있다.

첫 번째, 사적인 약속이라도 철저히 지켜야 한다. 작은 것에서부터 신뢰감을 안겨 주는 것이 중요하다. 사소한 부탁이라도 일단 들어주기로 했다면 최선을 다해야 한다.

두 번째, 첫 인상을 잘 관리해야 한다. 사람은 4~6초만에 상대방을 가까이할 것인지, 그렇지 않을 것인지를 판단한다. 차분하고 예의바르며 다른 사람의 이야기를 잘 들어주어야 좋은 인상을 줄 수 있다.

세 번째, 인맥의 허브와 가까이 지내라. 인맥의 허브는 '정보통'으로 불리는 사람들이다. 자신이 스스로 정보통이 될 자신이 없다면 정보통과 긴밀한 관계를 유지하는 것이 유리하다.

네 번째, 형식적인 관계만 유지해서는 곤란하다. 도움만을 받기 위해 인맥을 관리하는 사람은 금방 그 의도가 들통 나게 되어 있다. 서로가 진정한 성장을 할 수 있도록 형식적인 관리가 아니라 충심을 다한 인간관계 형성에 주의를 기울여야 한다.

인맥관리의 기본

1. 명함 관리에 각별히 유의하라

첫 인사의 대부분은 명함으로 한다. 명함을 주고받는 것이 일종의 예의인 만큼 항상 명함이 충분히 지니고 있는지 체크해야 한다. 상대에게서 명함을 받은 다음

서로 이야기를 나눈 때는 그 명함을 탁자 위에 올려
놓고 있다가 헤어질 때 명함지갑에 넣는다.

2. 받은 명함은 PC에 저장하라

종이 명함을 그냥 줄줄이 모아 놓지 말고 컴퓨터 파
일로 일목요연하게 정리해 놓는 것이 좋다. 그리고
명함 준 사람의 간단한 신상정보와 함께 언제 어디
서 만났는지까지 적어 놓자. 다음 만남에 큰 도움이
될 것이다.

3. 처음 만난 사람에게는 다음날 바로 안부 메일이 나 문자메시지를 보내라

많은 사람을 만나다 보면 언제 누구를 만났는지 기
억이 점점 희미해진다. 그러니 만난 바로 다음 날 안
부 메일이나 문자메시지를 보내 다시 한 번 자신을
상기시키게 하라. 메일을 보낼 때는 자신을 부각시
키고 이메일 마지막에 자신의 소속과 홈페이지 주

소, 닉네임 등을 설정해서 삽입하는 것도 좋다.

4. 유머나 최신 시사, 유행에 뒤처지지 말라

남들이 이야기할 때 멀뚱멀뚱 눈만 굴리고 있어서는 곤란하다. 현재 이슈가 되고 있는 것은 무엇인지, 쟁점은 무엇인지를 늘 파악하고 있어야 한다. 만남의 자리가 어색해졌을 때를 위해 분위기를 훈훈하게 달궈 줄 재밌는 이야기도 몇 개쯤 준비하고 있는 것이 좋다. 그러면 상대방은 당신을 실제보다 더 좋게 평가할 것이다.

투자는 달콤할수록 위험하다

한번은 서울대에 들어간 제자가 인사와선 재테크의 수단으로 주식에 관심을 갖겠다는 말을 너무 스스럼없이 해 걱정이 앞섰다. 정보의 부족과 관리의 부족 때문에 개인 투자자들이 외국인과 기관투자가에 휘둘리는 것을 너무 많이 그리고 너무 자주 봤기 때문이다.

요즘은 투자에 대해 일찍부터 관심을 가지는 분위기이다. 부동산도 다시 기지개를 펴고 있고 주가도 어느덧 1000포인트에 안착하여 1500 고지를 넘보고 있다. 주식 개념이나 배당, 또는 상장이라는 용어는 이제 더 이상 낯설지 않다. 더욱이 금융기관에서도 투자캠프를 개회할 정도이고 초등학교에서조차도 게임을 통해서 투자의 기초 개념을 심어 주고 있다.

하지만 섣불리 투자를 시작해서는 곤란하다. 외국에서는 개인들의 직접투자보다 기관의 여러 상품을 통한 간접투자의 방식이 대부분을 이룬다. 개인들이 부화뇌동하여 손실을 입을 가능성이 훨씬 높은 우리나라와는 대조적이다.

주식에 처음 관심을 가진 사람들은 대부분 일확천금을 꿈꾼다. 은행 이자 정도의 수익에 만족하는 사람은 없다. 단숨에 큰돈을 만지기를 원한다. 그러나 이는 화를 부르는 단초가 된다. 주식 시장은 그렇게 호락호락하지 않기 때문이다.

부자 아빠는 자녀에게 투자에 따른 위험성을 먼저 가르친다. 바이코리아 열풍과 '묻지 마 투자'가 횡행했던 지난 1999년의 경우 여의도에서는 2000~3000포인트를 우습게 보는 분위기였다. 그러나 이후 2000년 1059포인트를 고점으로 2001년엔 400선까지 추락했다. 바이코리아 열풍 이후 많은 주부들과 농촌사람들이 폭락 후유증으로 자살했고 많은 증권맨들이 신용불량자로 전락했었다. 아이들에게 이런 일례를 들어 투자에 대한 경각심을 갖도록 해야 한다.

투자라는 것은 그만큼 변동이 심하고 고수익의 유혹 뒤에는 항상 고위험이 도사리고 있다. 자칫하다가 원금을 다 잃거나 심지어 파산 지경이 될 수도 있다. 그래서 부자 아빠들은 일단 인터넷을 통한 모의투자를 권한다. 모의투자를 통해서 생각과 현실의 괴리를 상당히 좁힐 수 있기 때문이다.

한편 투자를 하기 전에 갖추어야 할 것이 바로 종자돈이

다. 부자 아빠들은 종잣돈을 그서 넘겨주기보다는 아이들 스스로 돈을 모아 종잣돈을 마련하게 한다. 돈을 모으기 위해서는 그 목적을 분명히 해야 할 필요가 있다. 그 종잣돈을 이용해 5년 안에, 또는 10년 안에 얼마의 돈을 모을 수 있을지 함께 계획을 세운다. 그리고 자녀의 재정 상태를 파악한 후 지출의 규모를 가능한 줄이고 저축을 많이 할 수 있도록 격려한다. 얼마를 저축할지를 먼저 정하게 한 다음 나머지를 소비하도록 한다. 이렇게 현재의 자산, 수입, 지출 내역을 파악하는 습관이 들어야만 불필요한 소비를 줄일 수 있다.

부자 아빠들은 자녀가 투자로 인해 수입이 많아진 후에도 자녀들의 자산관리에 신경을 쓴다. 아무리 많은 돈을 벌어도 돈을 관리하지 못하면 부자가 되기 어렵다. 써서 없어져 버리는 소비성 지출과, 저축을 하거나 펀드에 투자하는 투자성 지출을 분명히 구분하도록 가르친다.

올바른 정보를 골라내는 눈을 가져야 한다

신문 사이에 끼워져 집으로 날아드는 광고 전단은 수도 없이 많다. 신문을 펼 때마다 우수수 떨어지는 광고 전단들에는 투자자들을 유혹하는 문구가 대문짝만 하게 쓰여 있다. 엄청난 수익률과 노후를 안전하게 보장할 수 있는 백발백중의 투자처라는 등의 선정적인 문구가 대부분이다. 구색을 맞추는 연예인의 사진도 박혀 있다. 허황된 광고일 거라고 생각하면서도 문구를 읽어 내려가다 보면 마음이 흔들린다. 혹 전단지에 나와 있는 내용이 진짜가 아닐까 하는 생각이 드는 것이다. 물론 그중에는 어느 정도 설득력 있는 광고도 있긴 있을 것이다.

하지만 냉정하게 생각하면 답은 빤하다. 광고에서 약속하듯이 높은 이익이 난다면 굳이 비싼 돈을 들여 광고할 필요가 있을까? 그것이 사실이라면 투자처를 찾지 못해 몸살 난 사람들이 벌써부터 냄새를 맡고 몰려들었을 것이다. 아무리 마음을 혹하게 하는 문구가 있다고 해도 쉽게 마음이 움직이지 않아야 한다. 상가 분양 광고에 심심치 않게 등장하는 말이 '3최(最)'이다. 국내 최초, 국내 최대, 국내 최고. 이 말에 절대 현혹되어서는 안 된다. '3최'를 내세운 상가 중 텅텅 비어 있는 경우가 적지 않다.

과거 신문지상에서 주식 시장이 1000포인트에 도달한다고 할 때 사람들은 흥분하기 시작했다. 여러 매체들이 약속이나 한 듯 핑크빛 미래를 떠들어 댔다. 하지만 부자 아빠들은 그런 것을 믿은 사람들 중에 부자가 된 이가 없다고 가르친다. 미래에 대한 확실하지 않은 전망을 투자의 지침으로 삼는 우를 범하지 않아야 한다고 강조한다.

보통 아빠들은 신문 기사를 쉽게 믿고는 흥분한다. 하지만 부자 아빠들은 거꾸로 생각해 보기도 하면서 기사 하나하나를 꼼꼼히 체크한다. 그러면서 어떤 정보를 취하고 어떤 정보를 버려야 하는지를 자녀에게 가르친다.

행복한 투자수업

두 번째 시간

주식과 부동산

　아빠의 불호령을 들은 후 민호의 생활은 확실히 달라졌다. 친구들과의 술자리를 많이 줄이면서 저축하기로 했던 10만 원 외에 3만 원을 더 모았고 아빠의 투자 이야기를 듣는 동안엔 더욱 눈을 반짝였다. 영민도 이전보다 많은 이야기를 민호에게 들려주었다.

　"흔히 '돈이 돈을 번다' 는 말을 하지. 어느 정도 맞는 말이야. 돈이 없는 것보다는 기본적으로 어느 정도 자금을 가지고 있는 편이 돈을 벌기에 더 용이하지."

　"맞아요. 부동산 투자의 경우엔 그냥 사두기만 해도 오르고 세를 놔서 임대수익을 얻을 수도 있잖아요."

"그게 전부는 아니야. 어떤 부동산이나 다 투자 가치가 있는 것은 아니라구. 아빠 친구 중에 늘 중절모자 쓰고 다니던 아저씨 기억나니?"

"아, 네. 딸이 제 또래죠? 되게 예뻤는데."

"녀석. 그런 것만 기억하는구나. 얼마 전에 그 아저씨 만난 이야기를 해주마."

감각은 주식으로 익히고 돈은 부동산으로 벌어라

강자성은 어린 시절부터 가정 형편이 좋지 않았지만 자장면 배달, 과일 행상 등을 해서 꼬박꼬박 모은 돈을 상가에 투자하면서 살림이 조금씩 나아졌다. 살림이 괜찮아진 후 자성은 주변 친구들을 따라 주식에 투자를 했고 적지 않은 돈을 잃었다. 잃은 돈을 상가 투자로 벌충했지만 뼈아픈 기억 때문인지 그 후 다시는 주식에 투자하지 않았다. 그런데 딸 미영이 대학생이 되자 자성은 주식 투자를 해보라며 미영에게 종자돈 2백만 원을 선뜻 건네주었다.

"아빠는 절대 주식을 안 한다면서 왜 저한테는 주식을

해보라고 하는 거예요?”

“한번 수익을 제대로 내보는 것도 좋은 경험이 될 테니까.”

“주식으로는 절대 부자가 안 된다면서요.”

“물론 그렇지.”

“그런데 왜 2백만 원이나 준 거예요?”

“주식을 해보라는 것은 그걸로 많은 돈을 벌어 보라는 게 아니야. 주식에 관심을 갖는 것이 투자의 첫걸음이기 때문이지. 주식을 하게 되면 매수 시점과 매도 시점을 찾게 되잖니. 그러기 위해서는 주식의 흐름은 물론 전반적인 경제 흐름을 관찰해야 하고 기업에 대한 정보도 수집해야 하니까 금리와 여러 주변 경제 환경에 눈을 뜨게 되지.”

자성은 잠시 눈을 감았다. 상장사를 찾아가 재무제표를 요구하며 실랑이를 벌이던 일, 주식이 폭락했던 날 객장 여기저기서 들려왔던 한숨과 탄식 소리 등이 뇌리를 스치고 지나갔다.

“주식을 하면서 경제 감각을 익혔다면 보다 수익률이 좋고 안정적인 부동산에 눈을 돌려야 해. 다음 주에는 같이 건물 실사를 나가보도록 하자꾸나. 일주일 정도 걸릴 테니 시간 비워 두고."

미영은 일단 그러겠다고 했다. 그러나 일주일이나 시간이 걸린다는 데에는 고개를 갸웃거리지 않을 수 없었다. 건물 실사라고 뭐 특별한 게 있겠는가? 그저 주변 정황이나 대충 살펴보면 되지. 그때까지 미영은 아빠가 하는 부동산 투자가 그다지 특별하다고는 생각하지 않았다. 있는 돈으로 나와 있는 건물 하나를 사서 세를 주고 그냥 돈만 받으면 되는 게 아닐까 하고 막연하게 생각했었다.

부동산, 돈 놓고 돈 먹기가 절대 아니다

미영과 자성은 일주일 동안 주택가 입구 건너편 커피숍에 앉아서 지나가는 사람들을 물끄러미 쳐다보았다. 상가 건물을 구입하기 전에 기본적인 조사를 하는 것이었다. 지나가는 사람들의 연령대와 시간대별 유동인구를 적었다. 일주일간의 실사가 끝나는 날 미영과 자성은 근처 호프집에서 맥주를 들이키며 그동안 조사한 내용들을 정리했다.

"자, 유동인구가 어떻게 되는지 한번 통계를 내봐라."

미영이 서류에 적어놓은 숫자들을 더한 후 대답했다.

"시간대별로 다시 통계를 내야겠지만 젊은 층이 제일 많고 그 다음이 노년 그리고 중년 층 순이네요."

"아직 전철이 뚫리기 전인데도 이 정도면 2년 후 전철이 뚫리고 나서는 더욱 괜찮아지겠구나."

미영은 새삼 아빠가 존경스러워 보였다.

"아빠, 대단해요. 실은 전 부동산 투자는 그냥 대충 하는 건 줄 알았거든요."

"그럴 리가 있나. 적지 않은 돈을 투자하는 건데 그만큼 신중해야지. 상가를 살 때 건물주의 말만 일방적으로 믿었다간 낭패를 볼 수도 있으니 꼭 직접 조사해 봐야 한다. 건물만 번지르르하면 뭐하겠냐. 임대를 주었는데 가게에 손님 하나 안 들어 봐라. 그처럼 처량하고 곤혹스러운 일이 없어. 사람들은 출근 때보다 퇴근 때 물건을 많이 사가니까 상가는 퇴근 시간의 유동인구를 더욱 유의해서 살펴야 해."

미영은 예전에 아빠가 상가를 구입한 후 한참 동안 사람이 안 든다며 걱정했던 때가 생각났다.

"아빠, 지금 생각났는데 3년 전쯤 인천에 샀던 상가는 어떻게 되었어요? 그때 잘못 산 것 같다고 한참동안 걱정했잖아요."

“가슴 아픈 얘기다. 결국 손해 보고 팔았잖니. 유동인구도 많지 않았고 그 주변에 대형 할인마트가 들어서는 바람에 어쩔 수가 없었어.”

“결국 지금의 치밀함은 몇 번의 실패가 가져다 준 뼈아픈 교훈이군요.”

“허허. 그런 셈이지. 아빠가 실패할 만큼 실패했으니 너는 투자할 때마다 꼭 성공하길 바란다. 그런 의미에서 건배 한번 할까?”

“좋아요, 건배!”

민호는 영민의 이야기를 듣고 놀라움을 감추지 못했다.

“정말 상가 하나를 사려고 그 앞에서 일주일 동안 진을 치고 있었단 말이에요?”

“그렇단다.”

“대단해요. 역시 돈은 거저 버는 게 아니군요.”

“그렇지.”

“그래서 그 상가 건물은 사셨대요?”

“그랬겠지?”

민호는 갑자기 눈을 반짝거렸다.

“아빠, 좋은 수가 있어요.”

“무슨 수 말이냐?”

“그 중절모자 아저씨가 산 상가 옆에 있는 상가를 우리도 사는 거예요. 그 아저씨가 이미 조사를 끝냈으니 우리는 무임승차하면 되잖아요.”

영민은 기가 막혀 웃음밖에 나오지 않았다.

“정말 날이 갈수록 잔머리만 늘어가는구나…….”

자신의 눈으로 확인한 것만 믿어라

당신 주머니에 돈이 있다면 세상은 당신을 사로잡기 위해 달려든다. 당신의 불룩한 주머니를 털기 위해 사람들은 온갖 감언이설로 당신을 유혹한다. 만일 당신의 귀가 얇다면 이미 당신 주머니의 돈은 당신 것이 아니다. 가혹한 말이지만 세상은 당신을 위해서 존재하지 않는다. 목 좋은 가게가 싼 가격에 당신 앞에 뚝 떨어지는 일은 절대 일어나지 않는다. 부동산에 관한 한 그 누구도 당신에게 정확한 사실을 이야기해 주지 않는다. 그것은 세상 사람들이 솔직하기 않기 때문이기도 하고 한편으로는 그 사람들도 잘 모르기 때문이기도 하다. 좋은 물건을 사고 싶다면 직접 나서라. 그 누구의 말도 믿지 말고 오로지 당신이 본 것만을 믿어라.

집과 투자

　영민은 민호와 함께, 제과점을 운영하는 고등학교 동창 집에 갔다. 몇 달 전 목동에 집을 샀다며 집들이 겸해서 얼굴이나 보자고 동창들을 불러 모은 것이다. 동창 집으로 가는 길에 영민은 민호에게 목동이 살기에 어떨 것 같냐고 물었다.

　"일단 나무도 많고 오래 전에 지은 거라 그런지 아파트 간격이 넓어서 살기는 좋겠네요. 차가 안 다니는 길이 있으니 아이들이 뛰어 놀기에도 좋을 것 같고. 이 동네 아파트 가격이 비싼가요?"

　"최근에 많이 올랐지. 강남과 비슷하다고 해도 과언이

아닐 만큼 비싸졌어.”

“우와, 아무리 살기에 좋아도 강남을 따라잡기는 쉽지 않을 텐데요.”

“여의도에 있는 회사에 다니는 사람들의 수요가 많고 교육 환경이 강남 못지않게 좋아. 외고 합격률도 높고 단지 안에 유해환경이 거의 없지.”

“역시, 아빠는 어느 동네도 다 꿰뚫고 있네요.”

“어쨌거나 그 친구는 벌써 꽤 많은 시세차익을 남겼을 거야. 아마 입이 귀에 걸려 있을 걸.”

■집은 안전핀이다

“어서 오게, 영민이. 이 아이가 민호군. 많이 컸구나. 네가 초등학교 다닐 때 본 게 마지막인 것 같은데 아주 듬직하게 잘 컸어.”

영민의 말처럼 동창 소지우의 표정은 밝아 보였다. 오랜만에 친구들을 만나 반가워서 그렇기도 하겠지만 친구들이 던진 축하의 말에 한층 더 기분이 좋아진 듯 보였다. 영민 역시 축하의 말을 잊지 않았다.

“정말 적기에 집을 잘 샀네. 한창 거래가 없던 때에 옳은 선택을 했어.”

지우는 대답했다.

“비싸게 주고 사진 않았지만 나름대로 고생을 안 한 건 아니네.”

“고생? 무슨 고생?”

“우리가 계약을 하고 난 후에 갑자기 가격이 막 오르지 않았겠나. 집주인이 계약을 파기하자고 하더라구.”

“저런. 한창 그런 일이 많다고 하더니만. 그래서?”

지우는 말을 이었다.

“우리가 건 계약금이 적은 액수가 아니라서 그쪽에서 물어야 하는 위약금이 꽤 됐거든. 그래서 그쪽도 부담이 됐던 것 같아. 어쨌거나 사정사정해서 애초에 주기로 한 가격에 2천만 원을 얹어주고 끝냈지.”

술이 돌면서도 화제는 줄곧 부동산 이야기에 머물렀다. 영민은 지우에게 축하의 술을 권했다.

“자네, 강남에도 집이 한 채 더 있지 않나? 대충 따져 봐도 만만치 않은 자산가가 됐구만.”

그때 지우의 부인이 한마디 거들었다.

"그런데도 저이는 이 집 사는 거 계속 반대했다니까요."

영민이 의외라는 듯 물었다.

"왜요? 예전부터 목동의 전망은 꽤 좋았는데요."

"그 돈으로 차라리 가게를 넓히자는 거예요."

지우가 멋쩍어하며 끼어들었다.

"이 사람도 참. 원래 사업하는 사람들이 좀 그렇지 않은가. 돈이 좀 생기면 그 돈을 사업에 투자를 해서 더 큰돈을 벌어야겠다는 생각만 하지. 집은 나중에 사업이 더 잘되면 그때 사면 된다고 생각하잖나."

"그건 하나만 알고 둘은 모르는 얘기야. 집이 있으면 사업이 어려움에 처했을 때 재기할 수 있는 발판이 되거든. 사실 장사하는 사람치고 집을 저당 잡히지 않은 사람이 어디 있겠나?"

지우의 부인에게 영민이 술을 권하며 말했다.

"그나저나 대단하세요. 과감하게 남편을 설득하시고."

"말도 마세요. 사고 나서부터 값이 계속 오르는데도 다시 떨어지면 어쩌나 하고 저 사람이 매일 걱정하는 통에 맘 편할 날이 없었어요."

영민이 목소리를 한껏 낮추어 말했다.

“원래 저 친구가 심하게 신중한 타입이라서요. 학교 다닐 때도 다들 땡땡이 치고 놀러 가는데 선생님한테 혼날까 봐 혼자서 남아 있었다니까요.”

지우는 억울하다는 표정을 지으며 말했다.

“아니, 부동산이 폭락한다는 말이 계속 있지 않았나. 집을 사기 전에는 자꾸 오를까봐 걱정이더니 집을 사고 나니까 자꾸 떨어질까 봐 걱정이라네.”

“어쨌거나 마누라 말 들으면 자다가도 떡이 생긴다더니 자네가 딱 그 케이스구만.”

친구들이 다들 크게 웃었다.

집으로 돌아오면서 영민은 민호에게 물었다.

“그래. 어떠냐? 아빠 친구들을 만난 소감이.”

민호는 잠시 생각하는 듯하더니 이내 입을 열었다.

“아주 소중한 교훈을 얻었어요.”

“그게 뭔데?”

“남자는 여자 말을 잘 들어야 성공한다는 것. 맞죠, 아빠?”

“너는 잘 나가다가 꼭 삐딱선을 타는구나. 어쨌든 여자 말을 잘 들어야 한다는 건 아빠도 인정한다.”

영민과 민호가 탄 버스는 밤공기를 가르며 신나게 달렸
다.

부채와 자산

　다음날 아침 민호의 낯빛이 웬일인지 좋아 보이지 않았다. 아침 식사를 하는 내내 별 말이 없는가 하면 밥도 먹는 둥 마는 둥 하다 끝내 수저를 놓고는 방으로 들어가 버렸다. 영민도 덩달아 마음이 무거워졌다.

　'대체 무슨 일일까?'

　민호가 대학에 입학하면서부터 지나치게 경제적인 교육에만 치중한 나머지 민호의 다른 일상에 대해서는 꼼꼼히 관심을 가지지 않았던 터라 쉽사리 민호의 고민을 유추해 낼 수가 없었다. 정화 역시 민호가 평소와 다르다고 생각했는지 영민에게 물었다.

"혹시 어제 목동에서 무슨 일이 있었어요?"

"일은 무슨. 저녁 잘 먹고 기분 좋게 돌아왔는데."

"그래요? 그럼 어디가 아픈가? 이따 저녁에는 맛있는 것 좀 해줘야겠네."

민호는 서둘러 학교 갈 준비를 하고 나섰다. 영민은 민호의 눈치를 살폈다. 민호가 자기와 눈을 마주치지 않으려고 애쓰는 듯 보였다.

"학교 가니?"

"네. 다녀오겠습니다."

서둘러 나가는 민호에게 영민은 아무 말도 하지 못했다. 아버지란 이름으로 자식의 사적 영역을 마음 놓고 침범할 수야 없지 않은가. 하지만 끝내 영민은 궁금함을 참지 못하고 민호의 방으로 갔다.

주인 없는 책상은 말끔히 정리되어 있었다. 평소 물건들이 너저분하게 널려 있던 것을 생각해 보면 이상한 일이었다. 영민은 잠시 책상 위를 살펴보다가 서랍을 열었다. 서랍 속에도 별 특이한 것은 없었다. 잡다한 문구와 강의 계획서, 각종 프린트만이 즐비했다.

별 생각 없이 종이를 뒤적거리는데 맨 아래에 고지서 뭉치가 놓여 있었다. 예사롭게 고지서를 내려놓던 영민의 등골이 갑자기 서늘해졌다.

'아니 이건.'

각종 카드 청구서였다. 청구서를 살펴보던 영민의 얼굴이 점점 붉어졌다. 민호가 총 네 개의 카드에서 최대한도까지 현금서비스를 받았던 것이다. 카드별로 날짜가 조금씩 다르지만 대부분이 다음 주가 결제일이었다.

'도대체 무슨 일이 있는 거야?'

요즘 들어 술 마시고 늦게 들어온 적도 없는 민호였다. 영민은 애써 호흡을 고르며 카드 청구서를 원래 상태대로 정리한 후 민호의 방을 나왔다. 문득 몇 달 전 민호와 빚에 대해 이야기했던 기억이 났다.

■부채도 자산이다

몇 달 전 영민과 정화가 대출금 상환에 대해 의논하는 것을 듣고 있던 민호가 놀란 표정을 지어 보였다.

"아빠, 우리 집도 빚이 있어요?"

"그럼, 있지."

아빠의 말을 들은 민호의 얼굴이 갑자기 어두워졌다.

"대출 이자도 만만치 않을 텐데, 그 빚을 갚을 수 없을 만큼 집안 사정이 안 좋은 거예요?"

"그런 게 아니란다."

영민은 민호에게 차근차근 이야기해 주었다.

"너, 부채도 자산이라는 말을 아니?"

"부채가 어떻게 자산이 돼요. 부채는 빚이고 게다가 이자까지 붙으니 그나마 있는 재산을 갉아먹는 거죠."

"보통 빚은 청산의 대상이고 나쁘다고 생각하지. 사실 그건 맞는 말이야. 능력도 안되면서 빚으로 명품을 사고 분에 넘치는 소비를 하는 건 지탄받아야 할 일이지."

민호가 맞장구를 쳤다.

"그러니까요. 돈이 있는 만큼만 써야지, 빚까지 지면서 쓰면 안 되잖아요."

"하지만 민호야, 아까 말했듯이 부채가 자산이 되기도 해. 일반적으로 사람들은 돈이 생기면 빚을 갚는 데 먼저 쓰지만 부자는 그렇지 않단다. 돈이 있어도 약간만 갚고 나머지는 투자를 하는 거야."

"빚을 청산하지도 않고 투자를 한다구요?"

민호는 잔뜩 궁금한 표정을 지어 보였다. 영민은 흐뭇했다. 민호의 생각이 건전했기 때문이다. 자기가 가진 한도 내에서 지출하고 혹여 빚이 생기면 바로 갚아야 한다는 것처럼 바람직한 생각이 또 어디 있겠는가. 하지만 영민은 민호가 한발 더 나아가길 바라는 마음에서 이야기를 이어 갔다.

"부자가 되려면 빚을 적극 활용할 수 있는 방법을 터득해야 한다. 돈을 빌려 적절한 투자수익을 올리는 것이 부자의 첫걸음이지. 물론 빌리지 않고 자신의 돈으로만 투자를 할 수 있다면 좋겠지만 말이야. 물려받은 재산 없이 부자가 되려면 부채를 적절하게 활용할 수 있어야 해."

민호는 그래도 무슨 말인지 모르겠다는 표정을 지었다.

"남의 돈으로 부자가 되는 게 진짜 부자가 되는 길이라니. 정말 알 수 없는 노릇이네요."

영민은 한참을 생각하더니 다시 말을 꺼냈다.

"IMF 때는 한국 기업의 높은 부채비율이 문제가 됐지."

"그렇죠."

"지금은 무엇이 문제인 줄 아니? 부채비율이 너무 낮다는 거야."

"그게 왜 문제가 되죠? 돈을 많이 벌었으니까 당연히 부채비율이 낮은 거 아닌가요?"

"아니야. 기업들이 자금이 있으면서도 투자를 하지 않고 빚을 갚거나 금고 속에 처박아 놓고 있다는 뜻이지."

영민은 흥분된 목소리로 설명을 이었다.

"돈은 돌고 돈다고 해서 돈이 아니냐. 결국 유통이 되어야 한다는 것이지. 안전하게 갖고만 있다고 해서 좋은 게 아니야. 투자를 해서 성장을 해야지. 가계 부채도 같은 의미에서 이야기할 수 있어. 감당할 수 있는 위험을 효과적으로 관리하면서 투자를 해야 한다는 것이지."

그때 민호는 고개를 크게 주억거렸다. 그때를 생각하는 영민의 가슴은 점점 무거워졌다. 돈이 뭔지 제대로 알지도 못하는 아이에게 '빚을 빨리 청산하기보다 투자의 발판으로 삼으라' 는 이야기가 과연 제대로 받아들여졌을까? 영민은 오히려 민호가 그날 나눈 이야기 때문에 빚이 별것 아니라고 여기게 된 건 아닌지 걱정스러웠다. 옆에서 정화가 영민에게 말했다.

"무슨 일 있어요? 왜 자리에 앉지도 못하고 안절부절못

하고 그래요?"

영민의 머릿속에 민호의 방에서 본 카드 청구서가 둥둥 떠다녔다.

'도대체 그 돈을 전부 어디에다 쓴 거지?'

대충 따져 봐도 3백만 원이 넘는 돈이었다. 결제일까지 돈은 다 마련이 되는 걸까? 정 급하면 대학 입학 때 준 종잣돈으로라도 해결하겠지 하는 마음에 그나마 안심이 되긴 했다. 하지만 술도 마시지 않고 일찍 들어오던 민호가 도대체 어떤 일로 그런 큰돈을 쓰게 되었는지, 게다가 이자율이 대단히 높은 카드 현금서비스를 쓰게 되었는지 영민은 궁금해서 견딜 수가 없었다.

미래형 자산 승부사 여운봉의 뼈 있는 충고

대출은 악(惡)이 아니다.

단돈 1원이라도 빚이 있으면 밤잠을 못 이루는 당신의 사고방식은 아주 건전하다. 하지만 건전함이 미덕인 시대는 이미 갔다. 적절한 투자처를 찾았지만 당장 손에 쥐고 있는 돈이 없어 어깨만 늘어뜨리고 있다면 당신은 이미 실패한 것이다. 신용 사회에서는 적절히 부채를 얻어 쓸 수 있는 것도 능력이다. 투자처를 찾았다면 주저하지 말고 은행을 찾아라. 당신의 신용에 비례해 은행은 돈을 빌려 줄 것이다.

집중과 분산

평소보다 일찍 귀가한 민호의 얼굴은 여전히 어두웠다. 학교에서 수업은 제대로 들은 걸까? 영민은 민호의 눈치만 살필 뿐 어떻게 입을 떼어야 할지 몰라 망설였다.

"저녁 먹어야지!"

정화가 삼계탕을 끓였다며 얼른 씻고 나오라고 재촉했다. 민호는 생각이 없다며 방으로 들어갔다. 영민이 얼른 민호의 뒤를 따랐다.

"무슨 일이세요?"

영민은 시치미를 떼며 말했다.

"글쎄다. 나는 아무 일이 없는데 네가 무슨 일이 있는 것 같구나.”

“아무 일도 없어요. 아빠, 저 그냥 좀 쉬면 안 될까요?”

무슨 말을 덧붙이고 싶었지만 영민은 일단 참기로 했다. 어쨌든 어려운 일이 있으면 먼저 의논해 오지 않겠는가. 생각은 이렇게 하면서도 영민은 뭔가 허전한 마음을 감출 수 없었다. 어느새 아들은 아버지와 모든 것을 나눌 수는 없게 되었다. 아버지와 아들 사이에 흐르던 가느다란 냇물이 어느새 강이 되고 바다가 되어 가는 것, 그것이 바로 인생이 주는 쓸쓸함인 것 같았다.

“알았다. 혹시 어려운 일이 있으면 이야기하려무나.”

영민은 힘없이 방에서 나와 식탁 앞에 앉았다. 닭의 살을 발라 그릇에 담던 정화가 잔뜩 시무룩해 있는 영민에게 물었다.

“민호, 밥 안 먹는대요?”

“기분이 별로 좋지 않은 모양이야.”

“왜 그럴까, 돈 때문에 그런가?”

혼잣말처럼 중얼거리는 정화. 영민의 눈이 커졌다.

“당신, 뭐 좀 아는 거 있어?”

“얼마 전에 좋은 투자처를 찾았다고 했었거든요. 종자돈을 복구할 좋은 기회라고 좋아하던데.”

“투자처?”

“네. 선배가 개업하는 삼겹살집인데 투자한 만큼 이익금을 주겠다고 했다고 하더라구요. 장사가 잘 안되나? 음식 맛이 아주 좋다고, 틀림없이 잘될 거라고 하던데.”

“음…….”

영민은 뭔가에 한 대 얻어맞은 기분이었다. 밥은 한 숟갈도 뜨지 못한 채 서재로 와 곰곰이 생각에 잠겼다. 현금 서비스의 용처가 슬슬 윤곽을 드러내고 있는 것 같았다. 그러니까 남아 있는 종자돈을 다 투자한 것도 모자라 현금 서비스까지 받은 것임에 틀림없었다. 시장조사는 제대로 하고 투자를 한 걸까? 그래도 그렇지 현금서비스까지 받아서 투자를 하다니. 영민은 당장에라도 달려가 꼬치꼬치 캐묻고 싶었지만 애써 참았다. 이제 애도 아닌데 무슨 일이 생길 때마다 간섭할 수는 없는 노릇 아닌가.

깊은 밤 저녁을 먹지 않아 출출했던 민호는 라면을 끓였다. 그 소리를 듣고는 장부정리를 하던 영민이 주방으로 나왔다.

“어디 삼계탕도 있을 거다.”

“아뇨. 전 그냥…….”

영민이 민호의 옆구리를 꾹 찔렀다.

“나가서 맥주랑 치킨 먹는 건 어떠냐.”

민호가 머리를 긁적이며 잠시 망설이는 기색을 보이더니 이내 그러자고 했다. 부자는 조용히 집을 빠져나와 집 앞 상가에 있는 치킨집으로 갔다. 민호는 조갈이 난 사람처럼 벌컥벌컥 맥주를 들이켰다. 영민은 민호가 긴장하지 않도록 에둘러서 이야기를 시작했다.

“중국 아저씨 기억나니?”

“네. 러시아제 망원경 사다 주신 그분요?”

“그래. 그 아저씨가 운영하는 출판대행사에서 낸 책이 대박을 터뜨렸다는구나.”

■위험은 분산하면 줄어든다

“그분이 출판대행사를 하셨어요? 무역일 하시는 줄 알았는데.”

“무역일도 계속 하고 있긴 하지.”

광고기획회사를 다니다 옥외 광고 설치로 상당한 재산을 모은 배중화. 그는 부동산 임대업에도 손을 댔고 간간이 중국에 좋은 물건이 있으면 출장을 다녀오면서 컨테이너 박스에 실어 오기도 했다. 그뿐이 아니었다. 출판업이며 유통업에도 조금씩 관여를 하고 있었다.

"요즘도 계속 중국에 드나드신대요?"

"아니. 10년 전처럼 다섯 배나 열 배 남겨 먹는 아이템을 찾기가 쉽지 않은 것 같아."

"그럼 이제 출판대행사에 집중하시겠네요."

"그렇지는 않을걸. 다른 일을 아예 접은 것 같지는 않아. 괜찮은 아이템이 있으면 무역일도 다시 하겠지."

"다른 사람은 한 가지 일도 하기 힘든데 참 대단하시네요."

"누가 아니라니."

"근데 그렇게 다양한 분야에 일을 벌려 놓는 게 과연 좋을까요? 제대로 된 하나에 집중해야 성공하는 것 아닌가요?

"다 경영 스타일 나름이지."

"스타일이요?"

"그래. 모든 분야가 다 잘되란 법이 없지 않니. 한때는 부동산이 효자 노릇을 하기도 하고 무역일이 짭짤하기도 하고 주식이 춤을 추기도 하고 그도 아니면 출판에서 대박이 터지기도 하고."

민호는 뭔가 느끼는 게 있는지 잠시 생각에 잠겼다. 영민은 분위기를 틈타 말을 계속 이었다.

"부자들의 철칙이 있어. 재산 3분법이지. 재산의 3분의 1은 주식에, 3분의 1은 부동산에, 그리고 3분의 1은 현찰로 가지고 있는 것이야. 일종의 분산투자라고 할까."

민호가 고개를 끄덕였다.

"어느 한쪽이 잘못 돼도 나머지가 벌충을 해줄 수 있겠네요."

"맞아. 중국 아저씨처럼 여기저기에 손을 대면 굵직하게 하나 내밀 건 없어도 큰 위험 요소는 없게 되지. 물론 그 아저씨도 가지를 칠 예정이라고 하긴 하더라. 쓸데없이 벌려 놓은 일들을 정리 좀 해서 몇 개의 분야에만 집중적으로 투자를 하겠다는 거지."

민호는 말문을 닫은 채 맥주만 들이켰다. 머릿속이 복잡한 것 같았다. 영민이 닭다리 하나를 민호의 손에 쥐어 주며 말했다.

"어쨌거나 오늘 밤 외출은 비밀이다. 네 엄마가 알면 날
벼락이 떨어질걸. 기껏 삼계탕을 끓여 놨는데도 두 부자가
한 숟갈도 뜨지 않더니 밤에 나가 치킨 먹고 왔다고 해봐
라. 이건 반역이지."

영민이 갑자기 민호의 어깨에 코를 대고 킁킁거렸다.

"이런. 옷에 냄새가 다 뱄네. 어쩌면 좋냐. 우린 이제 죽
었다."

영민은 손으로 목을 베는 시늉을 했다. 민호는 아빠의
행동이 너무 우스워 크게 웃음을 터뜨렸다. 밤은 점점 깊
어 갔고 부자의 술잔도 계속 비어 갔다.

투자는 도박이 아니다

도박에서 큰돈을 따기 위한 방법은 단 하나뿐이다. 바로 큰돈을 거는 것이다. 당신이 건 돈에 비례해 배당이 떨어지기 때문에 적은 돈을 걸어서는 재미를 볼 수가 없다. 하지만 큰돈을 딸 확률보다 잃을 확률이 높다는 것 또한 잊어서는 안 된다. 큰돈을 벌 생각에 주머니를 탈탈 털어 가진 것 모두를 쏟아 넣는다면 그 순간부터 투자는 도박이 된다. 전부를 잃을지도 모른다는 불안감은 당신의 눈을 가릴 것이다. 노름을 건전하게 즐기는 사람들은 적은 돈만을 주머니에 넣고 노름판으로 간다. 그 돈이 다 떨어지면 미련 없이 노름판을 뜨겠다는 심산인 것이다. 있어도 좋고 없어도 좋을 만큼의 돈, 그 만큼씩만 투자하라. '모 아니면 도'라는 생각은 위험하다. '모'가 아니더라도 최소한 '걸'이나 '윷'은 건져야 한다.

당근과 채찍

치킨 맛이 좋았다. 하긴 부자가 마음을 터놓는 자리에서 어떤 음식이 빛을 발하지 않을까. 민호가 마지막 남은 치킨 한 조각을 집어 들자 영민이 다른 안주를 시키려고 메뉴판을 집어 들었다.

"저녁을 굶어서 그런지 치킨 맛이 아주 좋구나."

"아빠도 안 드셨어요?"

"아들이 식음을 전폐하고 방 안에 틀어박혀 있는데 애비 목구멍으로 밥이 넘어가면 이상하지."

민호가 멋쩍은 듯 웃었다.

"죄송해요, 실은……."

민호가 무언가 이야기를 하고 싶은 것 같았다. 영민은 민호의 의중을 모르는 척하며 큰 소리로 종업원을 불러 안주와 맥주를 시켰다. 민호가 힘들게 입을 열었다.

"엄마한테 이야기 들으셨어요?"

"무슨 이야기?"

"제 이야기요."

영민은 약간 망설였다. 어디까지 이야기할 것인가? 책상 서랍을 뒤져 카드 명세서까지 봤다고 말하기엔 스스로 구차하다는 생각이 들었다. 게다가 모든 것을 들킨 민호의 기분은 또 얼마나 상할 것인가? 하지만 인생의 어느 순간에는 밑바닥까지 솔직해질 필요가 있다. 사실을 말하는 것이 자신의 얼굴을 갉아먹고 오물을 뒤집어쓰는 행위라 할지라도 말이다.

물론 이번에는 적당한 선에서 모른 척하며 넘어갈 수도 있을 것이다. 그러나 그것은 결국 민호와의 사이에 놓여 있는 바다에 물을 퍼붓는 행위에 지나지 않는다. 영민은 결심을 하고 말을 꺼냈다.

"네 서랍에 있는 명세서를 봤다. 현금서비스를 많이 받았더구나."

　민호의 얼굴빛이 금세 어두워졌다. 영민은 몰래 뒤를 캤다는 것 때문에 민호가 자신을 원망하지는 않을까 걱정했지만 다행히 민호는 그러지 않았다.

　"실은 선배가 오픈하는 가게에 투자를 했어요."

　"남은 종자돈으로도 모자라 현금서비스까지 받은 거냐?"

　"네. 선배가 돈이 모자란다며 투자한 만큼 이익금을 줄 테니까 가능한 많이 좀 끌어 달라고 해서……."

　"그래서, 장사는 잘되고?"

　"모르겠어요. 일단 현금서비스 받은 돈은 금세 준다고 했었거든요. 근데 그것도 사정이 여의치가 않은 것 같고……."

　"큰일이구나."

　"네. 선배가 없을 때 가게에 몇 번 가봤는데 종업원들이 하도 불친절해서 다시는 가고 싶지가 않더라구요."

　"불친절하다니?"

　"뭐 하나 갖다 달라고 해도 빨리 안 주고 좀 바빠지니까 짜증까지 내더라구요."

　"장사 잘되기는 글렀구나."

　민호가 긴 한숨을 내쉬었다. 지금 생각 같아선 이익금은 커녕 원금만 찾아도 좋을 것 같았다.

"아빠 말을 좀더 일찍 들었으면 좋았을 걸 그랬어요. 그러면 3분의 1만 투자했을 텐데."

적지 않을 술을 마신 탓인지 민호의 혀가 약간 꼬였다.

▍당근은 나누어 먹어라

"그 선배에게 종업원이 불친절하다는 이야기는 했니?"

"네. 그랬더니 선배도 그게 문젠데 도대체 어떻게 해결을 해야 할지 모르겠다고 괴로워하더라구요."

"종업원들 월급은 많이 주고?"

"많이는 아니지만 적게 주는 것 같지는 않아요."

"보너스는?"

"아르바이트생한테 무슨 보너스를 주겠어요. 게다가 장사가 잘되는 것도 아니구요."

보통 맛있는 음식을 먹으려고 음식점에 간다고 생각하겠지만 사람들이 소비하고 싶은 것은 궁극적으로 서비스이다. 그것은 비단 음식점에만 해당되는 이야기는 아니다. 주유소에서도 PC방에서도 술집에서도 사람들은 서비스를 소비하는 대가로 많은 비용을 지불하는 것이다.

"내 생각에는 꼭 보너스가 아니더라도 어떤 식으로든 종업원들의 사기를 올려 줄 필요가 있는 것 같구나."

"사기진작요?"

"그렇지. 회식자리를 갖는다거나, 장사가 잘되면 소정의 인센티브를 조금씩 준다거나, 하다못해 늦게 끝날 때는 택시비라도 준다거나 해야 되지 않을까. 뜨거운 불판 사이를 건너다니며 한 손으로는 고기 자르고 한 손으로는 반찬 나르고. 생각만 해도 쉬운 일은 아니지 않니."

민호가 고개를 갸웃거렸다.

"그렇긴 해요. 하지만 그래서 월급을 주잖아요."

"손님이 많아지고 장사가 잘되면 사장과 투자자의 주머니뿐만 아니라 종업원들 자신의 주머니도 불룩해진다고 생각해야 신이 날 게 아니냐. 당근은 사장이 몽땅 먹어치우고 종업원에게는 채찍질만 하면 어떻게 되겠냐?"

영민은 배중화의 이야기를 다시 꺼냈다.

"중국 아저씨가 출판대행을 해서 성공한 데는 효과적으로 인맥을 관리한 게 주효했지. 출판사 직원들의 집에 경조사가 생겼을 때 가서 밤 새우는 건 예사였어. 아는 작가들과는 틈틈이 술자리를 만들어 친분을 다졌고. 사실 이번에 일을 같이했던 작가가 이전에 썼던 책들은 그다지 신통치가 않았어. 그런데도 중국 아저씨는 그 작가를 계속 밀어 주고 밀어 줬지. 결국 좋은 원고를 쓰는 것으로 그 작가는 보답을 했고.”

“그러니까 내가 잘되면 너도 잘될 수 있다는 믿음을 줘야 한다는 거군요?”

“그렇지. 믿음과 당근을 주면 저절로 신이 나서 일을 하겠지.”

걱정거리를 털어놓은 탓인지 민호의 얼굴이 조금 밝아졌다. 영민은 민호가 신중하지 못하게 일을 처리한 걸 꾸짖으려다 그만두었다. 아직 대학생인 아이가 지나치게 세상에 능수능란해도 이상한 일 아닌가. 민호가 투자한 금액이 적지 않은 액수임을 감안하면 자신에게 미리 한두 마디만 상의했어도 좋았을 거라는 생각이 들긴 했다. 하지만 이번만은 스스로 잘해 보고자 했던 패기를 높이 사주기로 했다. 무엇보다 민호가 솔직하게 이야기해 준 게 고마워 영민은 남은 술을 기분 좋게 들이켰다. 민호는 조심스레 말을 꺼냈다.

“그래서 드리는 말씀인데……, 이번 현금서비스 결제 건
은…….”

“막아달라는 거냐?”

“원금을 회수하면 바로 갚겠습니다, 아빠.”

“이자는?”

영민이 짓궂게 물었다.

“너무해요, 아빠. 자식한테까지 이자를 받다니.”

“무슨 소리냐. 모든 돈에는 기회비용이 있는 법이야. 너
에게 빌려 줄 돈을 다른 데 투자하면 훨씬 더 많은 돈을 벌
지도 모르는데 당연히 이자를 받아야지.”

“아빠!”

민호가 갑자기 다정한 목소리로 영민을 불렀다.

“왜 그래?”

“매일매일 안마하고 구두 닦는 걸로 이자를 대신하면 안
될까요?”

“대학생이나 된 녀석이 유치하게 안마와 구두 닦기가 다
뭐냐. 아빠는 현금을 원한다.”

“정말 너무해요.”

민호가 장난스럽게 우는 시늉을 했다. 어느새 밤은 더욱

깊어 갔다. 영민과 민호는 어깨동무를 한 채 어둠이 짙게
깔린 거리를 걸었다

미래형 자산 승부사 여운봉의 뼈 있는 충고
다른 사람의 마음을 사로잡아라

당신이 대박을 쳤을 때 사람들은 웃으며 다가와 악수를 건
넨다. '이봐, 정말 좋은 일이야.' '잘됐구만.' '내가 다 기
분이 좋네.' 당신은 이런 말을 믿겠는가?
입장을 바꿔 놓고 생각해 보자. 당신과 절친한 누군가가,
보다 구체적으로 당신보다 늘 경제적으로 열악하던 친구
가 어느 순간 대박을 터뜨려 당신보다 경제적으로 훨씬 더
부유해졌다는 소식을 들었을 때 당신은 기쁜가? 대부분의
사람들은 남의 성공을 질투한다. 질투의 마음이 없는 자는
신부나 수녀밖에 없을 것이다.
당신이 좋은 사람이었다면 상대방은 조금 질투할 것이고
당신이 좋은 사람이 아니었다면 상대방은 당신을 시기할
것이다. 만일 당신이 자신의 성공을 가지고 거들먹거린다
면 그들은 저주를 퍼부을 것이다. 성공하기 위해 누군가의
도움이 필요한가? 그렇다면 성공 후에는 반드시 성공의
달콤한 설탕물을 함께 나누어 마시겠다고 서약하라. 똑같
은 잔에 따라 마실 필요는 없지만 적어도 손가락에 찍어서
라도 단맛을 보게 해야 한다.

금융 교육, 아무리
일찍 시작해도 이르지 않다

부자 아빠들은 저축만을 강요하지 않는다. 저축보다 투자에 관심을 가져야 하는 평생 투자의 시대에 돌입했기 때문이다. 저축과 투자를 병행하기 위해서 아이가 어릴 때부터 투자 습관을 제대로 갖출 수 있도록 도와줘야 한다.

어릴 적부터 투자 개념을 심어 주어라

보통 아빠들은 투자를 지나치게 개념이나 용어 중심으로 아이들에게 설명하려고 한다. 그러나 이렇게 되면 아이들은 금세 지친다. 투자가 또 다른 공부로만 느껴질 뿐 피부에 와 닿지 않기 때문이다.

하지만 부자 아빠들은 게임이나 각종 놀이를 통해 친근

하게 투자의 기초개념을 심어 준다. 주식 게임을 통해서, 주사위를 던져 말을 옮기고 카드를 뒤집으면서 투자의 개념들을 익히고 투자의 의미와 방법에 대해 배울 수 있게 한다. 게임과 놀이를 통해 배우게 되면 아이들은 쉽게 잊지 않는다. 놀이와 교육, 두 마리 토끼를 한꺼번에 잡을 수 있게 되는 것이다.

아이들에게 투자 개념이 어느 정도 형성된 후에는 본격적인 투자 교육을 시작한다. 투자의 필요성과 효용에 대해 깨우쳐 주는 것이 투자 교육의 시작이다. 특히 투자와 저축이 어떻게 다른지 설명해 주어야 한다. 저축은 소득 중에서 소비하지 않고 남겨 둔 부분을 말하며 투자는 손실의 위험을 감수하면서 그에 상응하는 수익을 추구하는 것이다. 투자에서의 수익은 위험을 감수한 대가이다. 저축을 통해선 돈을 잃지 않지만 그만큼 수익률이 낮다. 투자는 위험한 만큼 수익률도 높다. 투자는 모든 것을 다 잃을 수 있는 위험이 늘 뒤따르기 때문에 신중한 선택이 필요하다는 것을 깨닫게 해주어야 한다.

금융 강국인 미국에서는 어릴 때부터 아이들에게 투자 교육을 한다. 버지니아주의 한 초등학교에서는 고학년들을 대상으로 모의 주식 투자 게임을 열기도 한다. 중학교, 고등학교로 올라가면서 투자 교육의 수준은 점점 높아진다. 최근 미국에서는 투자 교육이 더 일찍 이루어져야 한다며 유치원생들에게까지 교육의 범위를 확대하려는 움직임이 있을 정도다.

게임으로 즐겁게 익히게 하라

1990년대 미국에서는 젊은이들이 신용카드 빚으로 인해 목숨을 끊는 일이 자주 벌어졌고 심각한 사회문제로 등장했다. 우리나라에서도 개인 파산자의 수가 급격히 늘어났고 청소년의 신용불량 문제가 사회문제로 대두되기 시작했다.

무분별한 카드 발급도 문제겠지만 보다 근본적인 문제는 아이들이 경제와 금융에 대해 제대로 교육을 받지 않

은 까닭이나, 부모들이 자녀에게 돈 관리 방법을 제대로
가르치지 않았다는 것이다. 입시 교육에 투자하는 시간
의 10분의 1만 쏟아도 아이들을 금융과 경제에 대한 까
막눈에서 벗어나게 할 수 있다. 미국은 4월을 '금융 교
육의 달'로 지정해 돈의 소중함과 관리 방법에 대한 청
소년들의 인식을 높이고 있다.

자본주의 국가에서 금융 지식은 세상을 현명하게 헤쳐
나가기 위한 필수적인 지식이다. 우리 자녀들의 금융 지
식이 과연 어느 정도일까 심각하게 생각해 볼 필요가 있
다. 학교에서나 가정에서, 혹은 사회에서 금융 지식을
충분히 공부시키는지 되짚어 봐야 한다.

요즘 금융 교육이 점차 강조되면서 학교에서는 금융기
관 직원들이 일일교사로 나와서 학생들에게 경제와 금
융에 대해 재미있고 이해하기 쉬운 프로그램을 개설하
기 시작했다.

아이들은 게임을 통해 금융 교육을 받다 보면 금세 재미
를 느끼고 푹 빠져들 수 있고 경제 마인드도 단기간에

획득할 수 있다. 국내에서 쉽게 접근할 수 있는 게임으로는 '모노폴리', '머니프리', '캐시플로우' 등이 있다. 이런 게임을 통해 저축과 투자의 개념을 익힐 수 있고 돈을 빌리고 갚는 과정에서 빚의 무서움과 유용성도 알게 된다. 더욱이 이 과정에서 기부의 중요성도 인식하게 되고 돈을 올바로 사용하는 교훈까지 깨우칠 수 있다.

부자 아빠들의 금융·경제 교육은 거창한 이론을 가르치는 게 아니다. 돈을 소중하게 여기고 자신에게 필요한 돈을 얻기 위해서는 어떤 형태로든 노동이 필요하다는 것을 알게 한다. 또한 그렇게 해서 얻은 귀중한 돈을 함부로 낭비하면 나중에 정작 필요할 때 쓰지 못하게 된다는 것을 깨닫게 한다.

게임도 하고 공부도 하고
아이와 함께 투자 게임에 빠져 보자!

• **모노폴리**　　고전 보드게임으로 우리나라에서 선풍

적인 인기를 끌었던 '블루마블'은 이 게임의 변형이다.
주사위를 굴려 나온 숫자만큼 말을 움직이고 말이 도착
한 칸의 땅을 사거나 카드를 뒤집어 나온 지시사항대로
따르면 된다. 자신의 땅에 별장이나 호텔을 지을 수 있
으며 다른 게임자들이 자신의 땅에 걸릴 경우 요금을
받는다. 물론 사회봉사나 공익사업도 해야 하고 사회적
통념을 어길 때에는 감옥에도 갈 수 있다. 룰과 진행 방
식이 간단하기 때문에 돈을 주고받는 인터액션과 부의
축척 등 자본주의적 삶을 대리 경험하게 해주는 좋은
게임이다.

• 머니프리　　게임을 하는 과정에서 자연스럽게 재테
크 방법을 습득하고 투자 마인드를 키우도록 하는 투
자 교육용 시뮬레이션 보드게임이다. 게임 참가자들은
몇 년 혹은 몇 십 년간의 경제생활을 몇 시간으로 압축
해서 경험함으로써 실생활에서의 실패를 최소화하고
보다 안전한 투자 전략을 세울 수 있다. 또한 게임 과

정에서 손익계산서와 대차대조표를 작성하는 연습을 반복 실행함으로써 게임 종료 후 자신의 실제 재테크 패턴을 반성할 수 있는 계기를 마련할 수 있다.

• **캐시플로우**　게임 참가자들은 첫 단계로 '쥐트랙' 이라고 하는 봉급쟁이의 삶을 살게 된다. 쥐트랙 안에서 이런저런 기회를 얻게 되고 예상치 못한 지출을 하게 되며 시장의 변화를 겪게 된다. 출산이나 정리해고 같은 일들을 겪을 수도 있다. 이런 과정을 거치면서 차근차근 자기의 자산을 늘려 총지출보다 금융소득이 높아지게 되면 '빠른 트랙' 즉, 부자의 삶을 살게 된다. 부자의 삶을 살면서 자신의 꿈을 실현하게 되면 게임에서 승리하게 된다. 이 게임을 통해 부자의 의미, 부자가 되기 위한 마음가짐을 되새길 수 있고 어떤 재테크 계획을 세워야 하는지, 알아야 할 재테크 관련 용어는 무엇인지를 자연스럽게 익힐 수 있다.

행복한 투자수업

세 번째 시간

투자와 투기

　민호가 투자했던 삼겹살집은 걱정과는 달리 몇 달 후 꽤 수익을 냈다. 현금서비스를 받아 투자했던 돈을 모두 돌려받았음은 물론 투자한 금액에 대해 매달 일정한 배당이 돌아왔다. 아빠의 충고를 선배에게도 전해 주긴 했지만 별반 기대를 안 하고 있던 터라 기쁨이 컸다.

　민호는 오랜만에 선배가 하는 삼겹살집을 찾아갔다. 이전과는 분위기가 사뭇 달라져 있었다. 선배는 가만히 앉아 있지 않고 테이블을 돌아다니며 손님들에게 더 필요한 것은 없는지 묻고 부족한 반찬이 눈에 띄면 직접 가져다주기도 했다. 민호를 본 선배가 반가운 표정을 지었다.

■진실한 마음이 부자를 만든다

"민호 왔구나. 어서 와라. 지금은 손님이 좀 많은 시간이니까 기다릴래? 조금 있다 한가해지면 같이 술이나 한잔하자."

민호는 멀뚱하니 자리에 앉아 선배를 기다렸다. 손님은 줄지 않았다. 꽤 늦은 시간인데도 손님들이 줄을 지어 들어왔다. 선배는 단 한 번도 자리에 앉지 않고 손님들에게 인사를 하고 주방을 오가며 주문 사항을 확인했다. 이쯤 되니 민호도 가만히 자리에 앉아 있을 수 없었다. 민호는 이 가게의 투자자 아닌가. 가게가 잘돼야 민호에게 돌아오는 수익도 더 많아질 것이다. 민호도 벌떡 일어나 음식을 나르기 시작했다.

"넌 그냥 앉아 있어도 되는데……."

선배는 말은 그렇게 하면서도 싫지 않은 모양이었다. 처음엔 누구인지 몰라 어리둥절해 하던 종업원들도 사장 후배라는 것을 알자 민호에게 친절하게 이것저것 가르쳐 주었다. 얼마나 지났을까? 밤이 꽤 깊어져 손님이 뜸해진 후에야 민호와 선배는 술잔을 기울일 수 있었다. 장사가 잘

되는 덕인지 선배의 표정이 활기차 보였다.

"예전에는 카운터에만 앉아 있더니 종업원 수가 줄어서 선배가 직접 나서는 거예요?"

"아니, 종업원 수는 그대로야."

"그런데 왜 선배까지 나서서 일을 해요?"

"결국 내 장사니까. 내가 열심히 해야 다른 종업원들도 열심히 할 것 아니냐."

종업원들이 친절하지 않아서 걱정이라고 한탄하던 때가 엊그제 같은데 그 사이 선배는 많이 달라져 있었다.

"안 그래도 너희 아버지께 고맙다고 인사라도 드려야겠어. 네가 전해 준 이야기가 도움이 아주 많이 되었거든."

"저번에 한 이야기요?"

"그래, 함께 잘살아 보자는 마인드로 종업원을 대해야 한다는 이야기."

"아, 그거요."

"그래. 편안하게 카운터에 앉아 돈이나 세고 있는 게 아니라 종업원보다 더 열심히 일하는 모습을 보여 주는 게 중요하다는 생각이 들더군."

선배가 술잔을 드는데 손에 심하게 데인 상처가 보였다.

"언제 다친 거예요?"

깜짝 놀라 미호가 물었다.

"어, 불판 갈다가 잘못해서 좀 데었어. 아무래도 기술이 없으니까……."

그러고 보니 손만 그런 게 아니었다. 두 눈은 충혈 돼 있었고 얼굴이 바싹 말라 있었다.

"많이 피곤한가 봐요. 얼굴이 말이 아니에요."

"신선한 야채하고 고기 고르려고 새벽시장에도 다니니까."

"아니, 밤늦게까지 일하고 새벽시장에도 나간다구요?"

"응. 재료 상에 맡겼더니 아무래도 성에 차질 않더라구."

민호는 선배가 갑자기 존경스러워졌다. 원금까지 떼일까봐 전전긍긍하던 자신이 부끄러웠다.

"형한테 죄송해요. 실은 장사가 잘 안되는 것 같아 걱정했었어요."

"미안할 거 없어. 처음에 안일한 자세로 있을 땐 정말 장사가 안됐으니까. 편안하게 앉아 사장 노릇이나 하려고 했으니 장사가 잘될 리가 있나. 정성을 다하니까 손님들도

알아주더라고. 고기 맛도 좋다고 하고 야채도 싱싱하다고
하고."

■도덕적인 부자가 **되어야 한다**

민호는 가벼운 마음으로 집에 왔다. 장사가 잘되는 것도
신나는 일이지만 그보다도 선배의 모습에서 무언가 큰 것
을 배운 것 같아 적잖이 흥분되었다. 늦은 밤 마감 뉴스를
보고 있는 영민에게 민호는 선배를 만난 이야기를 했다.

"선배가 확 달라진 것 같아요. 종업원보다 더 열심히 일
을 하더라구요. 가게 분위기도 훨씬 좋아지고 손님도 많아
졌어요."

"다행이구나."

"이대로라면 수익이 꽤 괜찮을 것 같아요."

영민은 민호의 말을 듣다가 문득 뉴스 화면을 보고는 흠
칫 놀랐다.

"저 사람, 끝내 부동산 투기로 물러나는군. 참 능력 있는
사람인데, 아까워."

기분이 조금 들떠 있던 민호가 호기롭게 영민의 말을 거

들었다.

"외국 명문대까지 나온 인재데 저런 사람들이 줄줄이 물러나는 건 사회적 손실 아닌가요? 도덕성이라는 명분으로 유능한 인재가 능력을 펼치지도 못하는 것은 가혹한 것 같아요. 우리나라가 유교 사회라 폐해가 지나칠 정도로 큰 것 같기도 하구요."

민호의 말에 영민이 정색을 했다.

"그러면 너는 능력이 있으면 부도덕성이 용인돼야 한다고 생각하니?"

"조금은 덮어 줄 수도 있지 않을까요?"

"그렇지 않단다. 능력 있는 사람일수록 더 높은 도덕성이 요구되는 거야. 부자가 되는 것도 마찬가지지. 각종 편법으로 돈을 번 부자가 떳떳할 수 있겠니? 정당한 사업수완과 투자기법으로 돈을 벌어야만 진정한 부자가 될 수 있는 거지."

민호는 아무 말도 할 수가 없었다. 아빠의 말이 구구절절 옳았기 때문이었다. 하지만 세상 일이 어디 교과서대로만 되는가? 게다가 돈이 돈을 버는 요즘 같은 시대에 부의 축적 자체가 비도덕적이지 않다고 어떻게 말할 수 있을 것인가? 민호의 머릿속이 복잡해졌다.

"재테크를 하면서 도덕성을 희생하지 않을 수가 있나요?"

"도덕성을 유지하면서 재테크를 하는 것이 바로 능력이지. 아까 텔레비전에 나왔던 공직자가 물러나게 된 게 단순히 부동산으로 시세차익만 거두었기 때문이라고 생각하니?"

"그것 말고 또 뭐가 있나요?"

"투기란 예측을 통해서 시세변동에서 생기는 차익을 노리는 거래 행위야. 이는 자본주의 사회에선 불법이 아니지. 하지만 고위 공직자들의 부동산 투기가 문제가 되는 것은 내부 정보를 이용하거나 위장전입 또는 불법적인 행위를 했기 때문이야."

민호는 고개를 끄덕였다. 하지만 아빠가 말한 내용을 전부 다 이해한 건 아니었다. 도덕적인 재테크. 역시 쉬운 일 같지는 않았다.

길이 아닌 곳으로는 가지 말아야 한다

고급 정보를 얻어 투자를 했다면 그건 투자가 아니라 뇌물을 받은 것과 같다. 누군가 찔러준 뇌물. 처음엔 조금 찝찝하지만 시간이 지나면 왜 찝찝했는지조차 기억나지 않는다. 혹 당신은 자신만은 결백하다고, 정당한 투자만 했다고 자부하는가? 부동산 매매 시 이중 계약서를 단 한 번도 써본 일이 없고 부당한 경로를 통해 얻은 자문은 없으며 시세차익에 대해 꼬박꼬박 세금을 지불했는가? 그렇다면 당신은 정말 훌륭한 사람이다.

타이밍

정화는 거실에 앉아 뚫어지게 신문만 바라보고 있었다. 궁금한 영민은 슬쩍 다가가 흘깃흘깃 아내가 펴든 신문을 보았다. 주식 면이었다.

"당신 손 털었다면서 그쪽은 왜 그렇게 유심히 보는 거야? 또 주식하게?"

정화는 대꾸도 하지 않은 채 계속 해서 신문을 들여다보고 있었다.

"혹시 당신 또 주식에 손댄 건 아니지?"

역시 대답이 없자 영민의 심증이 굳어졌다.

"이봐, 당신. 주식을 다시 시작한 거야? 그렇게 돈을 날리고도?"

정화가 짜증을 내며 신문을 접었다.

"아니에요. 안 한다고 했잖아요."

정화는 서둘러 방으로 들어갔다. 영민은 아내의 등 뒤를 유심히 살폈다. 축 늘어진 어깨가 예사롭지 않았다. 뒷모습에도 표정이 있던가. 영민은 아내의 등이 남긴 여운을 한참 동안 곱씹었다.

■성급히 막차를 타느니 다른 행선지를 찾아라

아무래도 기분이 찝찝했던 영민은 아내를 따라 들어갔다.

"어디 좋은 데 가서 식사나 할까?"

"뭘 나가서 먹어요. 집에 해놓은 밥도 많은데."

평소 같으면 신이 나서 따라나섰을 텐데 그날따라 아내는 내켜 하질 않았다. 필시 무슨 걱정거리가 있는 게 분명했다. 누군가 말하지 않았던가. 인생에서 시시때때로 찾아오는 고민의 90% 이상이 '금전적인 문제'라고. 돌이켜 보면 정말 그랬다. 인생의 쓴맛을 알게 해준 뼈아픈 경험도,

인간관계의 어려움도 거의 다 돈 때문에 벌어진 일이었다.

돈과 관련되지 않은 다른 고민은 뭐가 있을까? 질병과 죽음? 사랑? 그러나 질병과 죽음 그리고 사랑의 문제 역시 전혀 돈과 관련이 없다고 말할 수 없다. 돈은 질병을 고치고, 죽음을 돈과 바꾸기도 하고, 사랑은 돈을 따라가기도 한다. 이렇게까지 생각이 들자 갑자기 입이 썼다. 어쨌거나 아내의 고민도 돈 때문이 아닐까?

영민은 내키지 않아 하는 아내의 팔을 억지로 잡아끌고 일산 쪽으로 향했다. 예전에 영민이 가지고 있던 땅 근처에 맛있는 등갈비 집이 있었다. 영민은 옛날 생각도 할 겸 그쪽으로 방향을 정했다.

"여기에도 아파트가 들어왔네. 완전 허허벌판이었는데."

그 땅을 팔지 않고 가지고 있었다면 아마 지금쯤 대단했을 것이다. 아파트 분양권에 보상금도 적지 않았을 것이다. 서울에 있는 아파트를 마련하느라고 일산 땅을 팔려고 했을 때 정화는 꽤 말렸었다.

"그때 안 팔았으면 지금쯤 어마어마하게 올랐을 텐데, 아무리 생각해도 아까워요."

"지난 일을 후회하면 뭐하나. 어쨌거나 그때는 그 돈이 필요했으니까."

"결국 그 돈으로 산 아파트는 별로 오르지도 않았잖아요. 여기 땅을 가지고 있는 게 훨씬 더 이익이었는데."

영민은 입을 닫았다. 당시 아파트가 한창 붐이라 영민도 마음이 급했었다. 서울 아파트 값은 하루가 다르게 뛰고 일산 쪽에 가지고 있는 땅은 몇 년이 지나도록 별로 오르지 않자 마음이 급해 싼값에 땅을 팔아 버렸던 것이다. 결국 마련한 아파트는 이미 꽤 오른 시점에서 매매해 많이 오르지 않았고 일산 땅값은 정신없이 올랐다. 서울에 아파트가 포화상태여서 건설사들이 서울 외곽으로 눈을 돌린 까닭이었다. 그 일 때문에 당시 영민과 정화는 꽤 싸웠다.

"그만두자구. 그렇게 따지면 한도 끝도 없으니까."

"그것만 안 팔았어도……."

정화는 끝내 영민의 심기를 불편하게 했다. 영민은 평소에도 아내가 이런 식으로 물고 늘어지는 것을 싫어했다. 과거를 반추하여 현재를 깎아내리는 못된 습관. 영민은 핸들을 서울 방향으로 확 꺾어 버렸다.

"아니, 어디 가는 거예요? 갈빗집은 저쪽인데."

“됐어. 그냥 집에 가. 밥 먹을 기분 아니니까!”

“내가 밥 먹으러 나오자고 했나. 가만히 있는 사람 끌고 나와 놓고는.”

영민은 아내의 말에 대꾸도 하지 않은 채 액셀러레이터를 세게 밟았다.

다른 사람의 행운은 **잊어 버려라**

집에 차를 두고 영민은 무작정 밖으로 나왔다. 오랜만에 고등학교 동창에게 전화를 걸어 약속을 잡았다. 진탕 먹고 나면 기분이 좀 풀리지 않을까 싶었다. 하지만 약속 시간에 맞춰 만난 동창 허정은 술보다 산에 가는 게 어떻겠냐고 했다.

“산이라고? 이렇게 늦은 시간에?”

“아직 해가 지지 않았으니까 얼른 갔다 내려오지.”

“산에 갈 차림도 아닌데…….”

최근 몇 년 동안 산에 가본 적이 없었기 때문에 영민은 조금 망설였다. 이미 허정은 운동화와 등산 바지 차림이었다. 영민은 잠시 고민하다가 이내 허정을 따라나섰다. 오랜만에 산에 다녀오는 것도 나쁘지 않을 것 같았다. 영민은 북한산 아래에 있는 등산용품점에서 등산화를 사서 바꿔 신은 뒤 산에 올랐다.

북한산에는 사람이 많았다. 해질 무렵이어서인지 올라가는 사람보다는 내려오는 사람이 많았다. 영민과 허정은 아무 말도 하지 않은 채 등산로를 따라 열심히 발걸음을 옮겼다. 자칫하다간 내려오기 전에 깜깜해질 수 있다는 생각에 단 한 번도 쉬지 않고 정상을 향해 올랐다. 한 발 한 발 디딜수록 목이 타고 다리 힘이 빠져 몇 시간을 오른 것 같았지만 정작 정상에 올라 시계를 보니 30분밖에 지나지 않았다.

"참 빨리도 올라왔군. 30분 만에 정상등극이라니."

"하하, 숨을 몰아쉬는 걸 보니, 자네도 운동 안 하고 살았나 보군. 이 봉우리는 원래 30분이면 오를 수 있는 코스라네."

"골프도 가끔 치고 공원에서 걷기도 하지. 그러고 보니 등산은 참 오랜만이군."

"난 가끔 산에 온다네. 잡념도 털고 몸도 튼튼해지고 좋지."

　허정은 영민을 보고 빙긋 웃더니 이내 저편에 있는 산봉우리에 시선을 멈췄다.

　"하나의 고지에 오르면 만족할 줄 모르고 다른 고지를 탐내니 산에 와서도 마음이 싹 비워지지는 않는구만."

　둘은 정상에서 오래 머물지 않고 다시 내려왔다. 내려오는 내내 영민은 속으로 생각했다.

　'음. 너도 힘든 일이 많았나보군.'

　둘은 산에서 내려와 막걸리를 앞에 놓고 앉았다. 영민이 운을 뗐다.

　"어떻게 지내나? 와이프는 잘 있고?"

　고등학교 교사인 허정은 소박하기로 유명했다. 다른 친구들이 다들 재테크니 뭐니 들썩거릴 때도 통 관심을 쏟지 않았다.

　"잘 있겠지. 요즘 친정에 가 있어."

　선비 같던 허정이 이런 말을 털어놓으니 영민은 당황했다.

　"무슨 일 있었군."

　"아내가 나 몰래 주식을 좀 했던 모양이야. 아파트를 담보로 대출을 받아서……."

"저런."

"몰랐는데 매일 객장에 나가서 있었던 모양이더군."

다들 주식을 많이 한다더니 그 말이 피부로 와 닿았다.

"많이 잃었나?"

"사실 와이프가 간이 작아서 많이 잃지도 않았지. 내 월급이 빤하니까 본인도 배포 크게 놀지는 못했어."

"다행이군."

"처음 해본 건데 돈을 잃으니 나 볼 면목이 없다고 친정에 가버렸어. 애들이랑."

허정의 아내는 대학을 나와 결혼하기 전 잠깐 잡지사에 근무하다 결혼을 한 후에는 쭉 집에서 살림만 했다. 검소하게 살림을 잘해 동창 와이프들은 비교될까 은근히 경계하기도 했다.

"그나저나 자네 아내가 주식을 다 하다니 놀랍군. 우리 마누라라면 모를까."

"누가 아니래나. 평생 그런 거 모르고 살 줄 알았는데."

허정의 아내 주변에는 주식하는 사람이 꽤 되었는데 그 중에 적지 않은 수익을 낸 사람들이 생기자 호기심에 주식을 시작했다고 했다. 나름대로 열심히 공부한 탓에 초반에는 꽤 수익을 올렸고 기쁜 마음에 낡은 냉장고를 바꾸기도 했다고 했다. 하지만 역시 들은 풍월로 돈을 불리기엔 한계가 있었다.

"조금 벌었을 때 그냥 팔고 그만둘까 하는 생각도 했다는데 그 흐름을 잘못 읽은 것 같아. 큰 흐름을 보고 팔아야 할지 사야 할지를 판단해야 하는데 조금 오르면 혹시 내릴까 싶어 사지도 못하고 조금 내리면 다시 오를까 싶어 팔지도 못하고. 그러니 말 다했지."

영민은 고개를 끄덕였다. 정화 역시 한때 주식으로 큰돈을 날린 적이 있어서인지 허정의 말이 남 이야기 같지 않았다. 영민이 입을 열었다.

"그러게 객장에 아줌마들이 몰려들고 시골 농부들 나타나면 끝물이라고 하지 않나. 사람들이 달려들면 그때는 물러나야 하는 것을."

허정이 말없이 고개를 끄덕였다.

대중이 가지 않는 곳에 길이 있다

아무 것도 안 하는 것 같은 얼굴을 하고 있는 사람이 실제
로는 실속 있게 살고 있었다는 사실을 알게 되었을 때 당
신의 마음은 급해진다. 당신이 아무 것도 안 하고 본업에
만 몰두하는 사이 그들은 주식과 부동산에 투자해서 적지
않은 돈을 벌었다. 하지만 그 행운은 이미 지나갔다. 다른
사람들이 실속을 차린 것을 알았을 때는 이미 늦었다. 당
신은 적절한 타이밍을 놓쳤다. 아쉬운 일이지만 그들의 행
운에 진심어린 박수를 보내고 당신은 그냥 당신의 일상에
충실해야 한다. 그들이 얻은 열매를 탐하다간 자칫 당신이
힘들게 이뤄 놓은 것까지도 잃을 수 있다. 뒤늦은 열차를
타려면 당신은 무리에 무리를 거듭해야 한다. 오를 데까지
오른 부동산의 상투를 잡거나 떨어질 일만 남은 주식을 비
싼 가격에 덥석 물어 버리는 것이다. 차라리 다른 투자처
를 찾아라. 다른 사람이 열매를 다 따먹은 나무에 뒤늦게
올라가는 우를 범해서는 안 된다.

부드러움의 미학

　다음날 아침까지도 정화의 기분이 풀리지 않은 것 같았다. 영민은 자신이 지나치게 화낸 것을 후회하고 있었다. 기분을 풀어 주겠다고 일산까지 데려가 놓고선 정작 화를 내며 다시 집에 와버린 것은 아무리 생각해도 경솔한 일이었다.

　정화는 오전 내내 아무 것도 하지 않은 채 침대에 누워만 있었다. 영민은 고민했다. 얼른 들어가 잘못했다고 빌까? 하지만 쑥스러운 마음이 들어서인지 선뜻 그래지지가 않았다. 아무 말 없이 일을 보러 나와서도 하루 종일 마음이 쓰였다.

저녁에 집에 들어가며 영민은 모처럼 케이크 하나를 샀다. 천사가 올려져 있는 아이스크림 케이크였다. 케이크에 불도 붙이고 다정한 말도 건네리라고 영민은 다짐했다. 그러나 밤늦은 시간까지 아내는 들어오지 않았다.

■ 딱딱하면 부러진다

자정이 가까울 무렵 정화가 조용히 들어왔다. 자지 않고 거실에 앉아 있는 남편을 보자 화들짝 놀란 기색이 역력했다.

"뭐 하느라고 이렇게 늦었어?"

영민은 좀 전의 마음가짐을 잃고 또다시 화를 내고 말았다.

"아니, 왜 만날 화를 내고 그래요. 좀 늦을 수도 있지, 뭘 그래요!"

영민은 아차 싶어 얼른 말투를 바꿨다.

"늦게까지 안 들어오니까 걱정돼서 그렇지. 어디 갔다 온 거야?"

"옆 동 아줌마랑 오랜만에 얘기 좀 했어요. 이런저런 이야기.”

“주식 얘기?”

영민은 아내를 슬쩍 떠봤다. 안 그래도 허정을 만난 뒤 아내가 또다시 주식을 한 건 아닌지 걱정이 되던 차였다.

“왜요, 하면 안 돼요?”

아내가 이렇게 강하게 나오자 영민은 오히려 당황스러웠다.

“아니, 저번에 돈을 그렇게 많이 잃어 놓고 또 하려고?”

정화는 한참을 망설이다 말을 꺼냈다.

“이번에는 잃지 않았어요. 당신이 하도 뭐라고 하니까 내가 간이 졸아서 그만……”

“그만?”

“조금 오를 때 바로 팔아 버렸다구요. 계속 오르고 있는데.”

영민은 할 말을 잃었다. 주식만은 안 하기로 그렇게 다짐을 하고 또 주식에 손을 대다니!

“이젠 정말 안 하려고 했어요. 근데 제대로 컨설팅 해준다길래……. 자기 멋대로 사고팔아 수수료만 챙기려는지 원, 무슨 지점장이라는 사람이 그렇게 전망을 못하는지.

올라 봐야 얼마나 오르겠냐고 팔아 버리라고 해서 얼른 팔았더니 며칠 새 엄청나게 오르고 있어요. 그러더니 오늘은 판 가격보다 훨씬 높은 가격에 다시 사는 게 어떻겠냐고 하는데 얼마나 화가 나던지. 하여튼 오늘 옆 동 아줌마랑 가서 한바탕 난리를 치고 왔어요.”

“난리?”

“가만히 있을 수가 있어야죠. 그럴 것 같으면 뭐 하러 수수료를 주겠어요. 차라리 내가 알아서 하지.”

영민은 혀를 끌끌 찼다.

“그 사람도 몰랐겠지. 설마 오를 줄 알고 팔라고 했겠어?”

정화는 아직도 분이 풀리지 않는지 입술을 바들바들 떨었다.

“하여튼 만만하게 보일까봐 부러 더 호통을 치고 왔어요.”

■부드러움만큼 강한 미덕은 없다

정화는 시간이 갈수록 더욱 흥분했다. 영민이 낮은 목소리로 이야기했다.

"그래 봐야 당신 손해지. 어쨌거나 하루 종일 단말기만 두드리는 사람들인데 그 사람들보다 당신이 더 잘 알 수는 없는 법 아니야. 앞으로도 도움 받을 일이 많을 텐데 그렇게까지 할 필요가 있어?"

영민은 말을 이었다.

"저번에 앞 차 들이받았을 때 기억나? 큰 싸움이 될 뻔했잖아."

"아, 올림픽 대로에서요. 그때 당신 엄청 흥분했었죠."

"그렇지. 갑자기 끼어들어 놓고 뒤에서 받았다고 그 사람이 뭐라고 해서 내가 욱했잖아."

"미리 깜빡이 넣었는데 당신이 안 비켜 준 건 생각도 못하고 말이죠. 하하."

기분이 좀 풀리는지 정화의 얼굴 표정이 밝아졌다.

"맞아. 주먹다짐까지 오갈 뻔했지."

"내가 몸을 던져 막았잖아요."

"그래, 당신이 막아 준 건 지금도 고마워. 결과적으로 잘 해결됐잖아."

그때 흥분한 영민 대신에 정화가 그 운전사의 마음을 풀어 주었다. 일단 다친 곳이 없냐고 묻고는 거듭 사과했다. 근처에 있는 가게에 가서 시원한 드링크를 사서 건네주기도 했다.

부드러움을 마주한 딱딱함은 금세 무색해진다. 강경했던 상대방도 조금씩 마음을 풀기 시작했다. 상대방 운전자의 마음이 조금 풀어질 때쯤 정화는 급하게 끼어들은 건 그쪽도 잘못 아니냐며 조심스럽게 말을 건넸다. 기분이 풀린 운전자는 그런 면도 없진 않았던 것 같다며 과실을 인정했다. 가벼운 접촉사고였기 때문에 둘은 보험사에 전화할 것도 없이 금세 화해했고 외관상 서로 큰 손해가 없는 만큼 전화번호만 교환하고는 헤어졌다.

"그렇게 상황을 잘 해결하던 당신이 어째 그 지점장한테는 난리를 부린 거야?"

영민이 다시 말을 꺼냈다. 정화의 입이 뽀로통해졌다.

"그거랑은 상황이 다르죠."

"다르긴 뭐가 달라. 결국 부드러움은 강함을 이기게 되어 있어. 부드러운 갈대가 부러지는 거 봤어? 어떤 상황에서든 칼날을 내보여서 좋을 게 없지. 훗날 그 지점장한테 당신이 고맙다고 허리 꺾고 인사할 날이 올지 누가 어떻게 알아.”

남편의 말을 들은 정화는 장난스런 웃음을 지으며 말했다.

“그 말은 앞으로도 계속 주식을 하라는 말처럼 들리는군요. 저번에는 주식하지 말라고 펄쩍 뛰더니 조금 땄다고 이렇게 말이 달라지네.”

영민은 겸연쩍게 머리를 긁적였다.

“말이야 바른 말이지 잘해서 돈을 계속 벌기만 하면 누가 싫다고 하겠나.”

둘은 오랜만에 크게 웃었다. 영민과 정화는 냉동실에 넣어 두었던 아이스크림 케이크를 꺼내 먹으며 남은 앙금을 모두 털어 버렸다.

부드러움은 당신에게 되돌아온다

사소한 손해에 칼날을 번득이는 당신. 제대로 사람들 앞에서 칼날을 보였으니 다음부터는 절대 당신을 만만하게 보지 않을 거라고 생각할 것이다. 정말 다음부터는 당신을 만만하게 보지 않을지 모른다. 혹은 건드렸다가는 물릴지 모르니 조심하는 게 좋다는 생각을 할지도 모른다. 이른바 '개 조심'인 것이다. 부자가 되고 싶은 당신, 혼자만의 노력으로 그것이 가능하다고 보는가? 사람들이 당신의 눈과 귀를 막고 썩은 동아줄을 던진다면 어쩔 것인가? 당신은 밧줄 전문가가 아니므로 밧줄 전문가를 찾아야 한다. 그리고 밧줄 전문가는 '개'와는 대화하지 않는다.

불확실한 미래
확실한 미래

주말이라고 소파에 앉아 넋이 빠진 듯 텔레비전을 보고 있는 호정을 보고는 정화가 신경질적으로 한마디 했다.

"주말이라고 텔레비전만 보고 있으면 되겠니. 여유 있을 때 책도 좀 읽고 해야지."

호정은 엄마의 말이 귀에 들어오지 않는지 엄마쪽으로는 고개도 돌리지 않은 채 계속해서 텔레비전만 봤다. 답답한 정화는 남편에게 하소연했다.

"저번에 성적도 엉망이었는데 통 정신을 못 차려요. 당신도 민호 데리고 재테크 한다 어쩐다 하지만 말고 호정이한테 공부하라는 소리 좀 해요."

"공부하라는 소리 들으면 더 하기 싫을 텐데, 좀 나둬 보
자구. 나중에 정신 차리면 하겠지."

"무슨 소리예요. 초등4학년 성적이 평생 간다는 말도 몰
라요? 고1이면 여유 부릴 때가 아니라구요."

"공부가 전부는 아니지. 공부 말고 다른 쪽에 취미가 있
으면 키워 줘도 좋고."

정화는 말도 안 되는 소리라며 발끈했다.

"공부도 못하는데 다른 건 잘하겠어요? 일단 공부는 잘
해야 번듯한 직장도 얻고 그런 거지."

영민이 아내의 말에 일침을 가했다.

"당신 같은 사람 때문에 큰 문제야. 직장은 다 같은 직장
이지 번듯한 직장, 허접한 직장이 어딨어?"

정화도 지지 않았다.

"무슨 소리예요. 대기업에 들어가야 본인도 편하고 월급
도 많이 받고 남들 보기도 좋고, 그렇죠."

"참, 당신도 어쩜 그렇게 구식인가."

영민은 답답하다는 듯 양미간을 찌푸리며 친구 나상신
을 떠올렸다.

■직진만이 최선은 아니다

　상신은 꽤 튼실한 사업체를 운영하고 있었다. 사업에는 문제가 없었지만 상신에게도 고민은 있었다. 바로 하나밖에 없는 아들 때문이었다. 아들 경수는 작년 서울의 중위권 대학을 졸업한 후 계속 놀고 있는 중이었다.

　경수는 학교 성적도 나쁘지 않았고 나름대로 열심히 취업 준비를 하는 것 같았는데도 취업이 잘 되지 않았다. 상신은 눈높이를 낮춰 보라고 진지하게 충고했었다. 경수는 알았다고 했지만 얼마 전부터는 아예 취업 지원서를 내는 것 같지도 않았다. 상신은 경수가 열의를 잃은 것 같아 초조해지기 시작했다. 매일 아침 도서관에 가는 대신 침대에 누워 늦잠이나 자는 모습을 보니 걱정이 되었던 것이다.

　"경수야, 요즘엔 사원을 채용하는 회사가 없니? 어째 원서 낼 데가 없나 보구나."

　늦잠을 자는 경수 방에 불쑥 들어온 상신이 물었다. 경수가 머리를 긁적이며 말했다.

　"글쎄요. 요즘엔 별루요. 대기업은 채용 시기가 지났잖아요."

"대기업만 고집하지 말고 중소기업에 넣어 보면 되잖아. 오히려 거기서 일은 더 많이 배울 수 있을 텐데 중소기업이 훨씬 더 기회가 많단다. 계속 대기업만 바라보며 백수로 지내느니 그동안 중소기업에 들어가 일을 배우는 게 더 나을 거 같은데."

경수는 아빠의 말을 듣고는 단호하게 고개를 저었다.

"싫어요, 아빠. 최고의 대기업은 아니더라도 일단은 대기업에 들어갈 거예요. 그냥 조그만 회사 들어가면 친구들 얼굴을 어떻게 봐요. 벌써 사업하는 친구도 있는데. 기다려 보세요. 정 안 되면 아빠 회사에서 일하면 되잖아요."

상신은 가슴이 철렁 내려앉는 것 같았다. 바람이 들어도 단단히 든 게 틀림없었다.

무슨 일을 어떻게 할지에 대한 진지한 고민도 안 하고 무턱대고 대기업에 들어가야 한다고만 생각하다니, 그런 마음가짐으로는 취업이 될 것 같지가 않았다. 게다가 자기 회사에서 일하면 되지 않느냐는 대목에서는 얼굴이 화끈 달아올랐다. 이런 생각을 가진 아이가 회사 일을 제대로 할 수나 있을까?

상신은 아무 말도 하지 않은 채 경수를 데리고 집을 나섰다.

◼돌아가는 길이 빠른 길이다

그들은 예전에 살던 곳으로 향했다. 비탈이 가파른 언덕 길을 올라가던 경수가 잔뜩 짜증난 목소리로 말했다.

"아빠, 왜 기억하기도 싫은 옛날 살던 동네에 온 거예요. 차라도 타고 오면 좋았을 걸. 괜히 저 밑에 차는 세워가지 고 고생만 하잖아요."

상신은 아무 말도 하지 않은 채 묵묵히 발걸음을 옮겼 다. 언덕 꼭대기에 다다르자 상신은 손수건을 꺼내 이마의 땀을 닦았다.

"20년 전만 해도 눈이 많이 오면 차가 올라가지 못했지. 가뭄이 들면 내가 직접 양동이를 들고 언덕 밑에 내려가 우물에서 물을 길어 오기도 하고 말이야."

안 그래도 잔뜩 짜증나 있던 경수는 아빠의 이야기가 시 작되자 귀를 막아 버리고 싶은 심정이었다. 아빠가 젊은 시절 고생했다는 이야기는 어디서나 빠지지 않는 레퍼토 리였다. 술을 먹으면서도, 잠시 숨을 돌리면서도 아빠는 어려웠던 시절 이야기를 했다.

고난 없는 인생이 있을까? 부유하게 자라온 귀공자에게
는 고독한 어린 시절이 있다. 성 밖의 세상을 동경하던 왕
자는 기꺼이 거지와 옷을 바꿔 입기도 했다. 아빠가 어려
웠다고 말하는 시절엔 누구나 가난했고 그 시절에 가난했
던 사람들은 지금 대단한 부자가 아니더라도 분명 그때보
다는 나은 삶을 살고 있다. 틈만 나면 나오는 아빠의 가난
이야기는 유행이 잔뜩 지난 노래처럼 지루하게 반복되었
다. 멈춤 버튼이 있으면 좋으련만.

"아빠. 알았어요. 알았으니까 이제 그만 내려가요."

경수는 아빠와 함께 있기 싫어 발길을 재촉했다. 하지만
상신은 꿈쩍도 하지 않았다.

"내 이야기가 듣기 싫은 모양이구나. 그래도 어쩔 수 없
다. 내가 너에게 줄 수 있는 가장 큰 재산은 그 시절의 이
야기뿐이니까."

경수 역시 뭔가 결심한 듯 입을 열었다.

"실은 얼마 전에 구로공단 쪽에 있는 중소기업에서 면접
보러 오라고 해서 갔었어요. 위치 설명을 해줬는데도 하도
골목 구석에 있어서 찾기가 어려웠죠. 3층짜리 공장 같은

건물에 도착해서 비좁은 계단을 오르다가 악취가 심한 화장실을 보고는 정말 여기가 맞나 하는 생각이 들어서 다시 한 번 밖으로 나와 주소를 확인했어요. 순간 눈물이 나오더라구요. 이런 곳에서 일해야 하나 하는 갑갑한 생각이 들어서 면접도 안 보고 그냥 집으로 와버렸어요.”

상신은 뜻밖이라는 표정이었다.

“그랬구나. 네 마음은 충분히 알겠다. 하지만 돌아가는 길도 있다. 중소기업에 들어갔다가 대기업에 경력사원으로 들어갈 수도 있지. 요즘같이 취직하기 힘든 때에는 신입사원으로 대기업에 들어가는 것보다 능력을 인정받은 후에 경력사원으로 들어가는 게 쉬울 수도 있어.”

경수는 아빠의 말이 못마땅한 표정이었다.

“아빠는 왜 자꾸 중소기업에 들어가라고 해요? 아빠는 제가 그런 허름한 건물을 드나들며 돈 벌어 오길 원하는 거예요? 그럴 바엔 차라리 일찍부터 아빠 회사에 들어가서 일 배우는 게 더 나아요.”

상신이 화가 난 듯 단호한 목소리로 말했다.

“네 이야기를 듣고 보니 너 같은 사원을 절대 뽑아서는 안 될 것 같구나. 사양이다.”

“그게 아니라…….”

경수는 머쓱한지 머리를 긁적였다. 상신의 얼굴에 짙은 그늘이 드리워졌다.

“그래서, 그 다음에는 어떻게 됐는데요?”

정화가 궁금한지 눈을 반짝이며 물었다.

“듣기론 아들 생활비도 끊어 버리고 아예 내쫓아 버렸다더군.”

“설마! 아들을 내쫓는 아버지가 어디 있어요!”

“아냐, 그 친구는 그러고도 남을 위인이야. 그런 단호함이 그 친구를 성공하게 만들었지.”

“그래서 취직은 했대요?”

“이건 비밀인데.”

영민은 잠시 말을 멈추었다. 정화는 궁금함을 못 참고 재촉했다.

“어서 말해 봐요!”

“여자 친구랑 동거한다더라구.”

“에그머니나!”

정화는 짧은 비명을 질렀다.

“여기서 잊지 말아야 하는 교훈이 나오지? 좋은 회사 나쁜 회사 따지지 말자! 당신부터 생각을 고쳐먹어야 애들도 생각을 올바르게 하지.”

“그러게요. 교훈이 하나 나오긴 하네요. 자식 이기는 부모 없다!”

“뭐라고?”

“두고 보라구요. 자식이 그렇게 나오는데 그냥 두는 부모가 어디 있겠어요. 결국에 거둬 주지.”

“이 사람도 참.”

어이가 없어 영민은 차마 말을 잇지 못했다.

돌아가는 자가 성공한다

시작점에서 목표지점까지 가는 가장 짧은 코스는 직진이다. 하지만 직진을 하기 위해서는 수많은 난관이 필요하다. 다른 사람들 역시 직진을 하고 싶어 하기 때문이다. 목표점에 이르기 위한 문은 굉장히 좁고 사람들은 그 문을 통과하기 위해 겹겹이 둘러싸여 있다. 하지만 사람들은 선뜻 뒤돌아가지 못한다. 운 좋게 그 좁은 문을 통과할 수 있을지도 모른다는 막연한 기대 때문이다. 뒤돌아가는 길은 분명 멀고 고단하다. 그러나 그때를 견디기만 하면 분명 목표지점까지 갈 수 있다. 불확실한 미래와 확실한 미래, 당신은 어느 것을 선택할 것인가?

돈 버는 일? 못 버는 일?

　　엄마 아빠의 이야기를 흥미롭게 듣고 있던 호정이 슬쩍 끼어들었다.

　　"그러니까 저는 어떻게 해야 하는 거예요?"

　　정화는 생각났다는 듯 호정이에게 쏘아 댔다.

　　"어떻게 하긴 뭘 어떻게 해. 당장 텔레비전 끄고 방에 들어가서 공부해야지."

　　"좋은 직장이 전부가 아니라면서요."

　　영민은 당할 수가 없다는 듯 그저 '허허' 웃었다. 정화는 영민의 옆구리를 꾹 찔렀다.

　　"가만히 있어요, 당신. 얼렁뚱땅 넘어갈 생각하지 말고

어서 가서 공부하라니까!"

"아니, 전 정말 진지해요. 공부도 목표가 있어야 하지,
그냥 하면 잘 안되잖아요."

영민이 호정이에게 물었다.

"그래, 네 목표는 뭐냐?"

"전 아나운서가 되고 싶어요. 그래서 매일 열심히 텔레
비전을 보는 거구요."

"아이고, 얘가 말은 청산유수라니까."

정화는 기가 막혔다. 하지만 호정은 아랑곳하지 않았다.

"정말이에요. 제가 제일 좋아하는 걸 하겠다는데 엄마는
왜 그래요!"

자기 일을 즐기는 부자가 진짜 부자다

영민의 표정이 조금 진지해졌다.

"그게 왜 제일 하고 싶은 거냐?"

호정이 잠시 생각하더니 대답했다.

"여러 가지 이유가 있지만 무엇보다 돈을 잘 벌 수 있구
요, 둘째 결혼도 잘할 수 있구요, 셋째 일도 재미있을 것

같아요. 뉴스 같은 거 진행하면 보람 있을 것 같기도 하구
요."

영민은 호정의 말을 듣고는 실망하는 기색을 감추지 못
했다. 아무리 돈이 제일인 시대에 살고 있다지만 이제 열
여섯 살밖에 되지 않은 여자 아이 생각치고는 너무 순수하
지 않은 것 같았다.

문득 영민은 다른 길을 선택한 두 친구 생각이 났다. 영
민은 차분히 말을 꺼냈다.

학창 시절 성적이 좋은 두 친구가 있었다. 두 친구 모두
물리와 화학 같은 순수학문에 관심이 많아 대학에 가서 물
리학자나 화학자가 되겠다고 말하곤 했었다. 그러나 막상
원서 쓸 때가 되자 한 친구가 진로를 바꾸었다. 의대에 가
겠다고 했던 것이다. 그때 그 친구가 한 말이 영민의 뇌리
에 오래 남았다.

"과학자는 가난하대. 나는 의사가 돼서 돈 많이 벌고 싶
거든."

장준혁은 결국 의대에 갔고 내과 전문의가 되어 개업까
지 했다. 하지만 상황은 그리 녹록하지 않았다. 빚을 내어

개업을 했건만 인근에는 이미 병원이 많아 환자가 많지 않았다. 돈 걱정 없이 살 줄 알았던 준혁은 의사가 된 후에 오히려 돈 걱정을 하게 되었다.

반면 화학을 전공해 한 대기업 연구원으로 입사한 최도영은 애초에 돈 욕심이 많지 않았다. 자신이 좋아하는 분야의 일을 하며 월급을 받을 수 있다는 것에 감격할 정도로 소박한 친구였다. 입사 초기에는 월급이 많지 않았다. 하지만 그런 것엔 아랑곳하지 않고 도영은 열심히 회사에 다녔다. 그러던 중 관련 분야가 대박을 치면서 보너스로 스톡옵션을 넉넉히 받았고 세월이 지나 그 값어치가 입이 쩍 벌어질 만큼 올랐다. 돈을 쫓은 친구는 돈이 자꾸 도망가고 돈보다 자신이 하고 싶은 일을 열심히 한 친구는 오히려 돈이 따라온 셈이었다.

이야기를 마친 영민은 호정의 표정을 다시 살폈다. 알아들은 건지 못 알아들은 건지 알 수 없는 표정이었다.

"그러니까 뭐든 네가 신이 나서 일을 하면 돈은 저절로 따라오기 마련이니까 처음부터 돈을 따라서 일을 해서는 곤란하다는 거다."

호정이 대번에 반박했다.

"글쎄요. 과연 그럴까요? 제가 아나운서 말고 돈 잘 못 버는 다른 직업을 댔더라면 아마 엄마 아빠는 더 실망했을 걸요."

정화가 옆에서 끼어들었다.

"돈을 벌려고 일을 하는 건데 돈 못 버는 일을 왜 하니?"

"저것 보세요. 엄마도 그러잖아요."

영민이 다시 말했다.

"돈을 버는 것도 중요하지. 하지만 우선은 네가 제일 좋아하는 일이어야 해. 열심히 일을 하다 보면 돈은 저절로 따라오는 거다."

호정이 고개를 끄덕였다.

"알았어요. 어쨌든 저는 아나운서가 될 거니까 텔레비전을 좀더 봐야겠어요."

옆에 있던 엄마가 일침을 가했다.

"요새 아나운서 시험이 얼마나 어려운데 한 자라도 더 봐야 필기시험에 붙지. 아나운서들이 설마 텔레비전 열심히 봐서 됐겠냐. 공부 열심히 했으니까 됐지."

호정은 견딜 수 없다는 듯 리모컨을 들고는 바로 텔레비전을 껐다.

"엄마 아빠가 계속 그렇게 말씀하시니 그만 볼게요. 근데 어쨌거나 제가 나중에 아나운서 못 되면 텔레비전을 많이 못 봐 트렌드를 못 읽어서 그런 줄 알아요."

정화와 영민은 어이가 없다는 듯 서로 마주보았다.

나무와 숲

　오랜만에 친구를 만나 늦을 거라던 영민이 웬일인지 생각보다 일찍 들어왔다. 갑작스런 귀가에 정화는 걱정스럽게 물었다.

　"무슨 일이 있어요? 어디 몸이 안 좋은 건 아니에요?"

　"아니야, 그냥 약속이 없어져서."

　"어쩌나, 저녁 준비를 하나도 못했는데."

　정화는 곤란한 표정을 지었다.

　영민은 괜찮다며 라면이나 끓여 달라고 했다. 정화는 얼른 라면을 끓여 냈다.

　배가 고팠는지 영민은 땀을 뻘뻘 흘리며 단숨에 라면을

해치웠다.

"시장하셨나 보네요. 아니, 누구 만나기로 했는데 바람을 맞았어요?"

영민은 허탈한 웃음을 지으며 이야기를 꺼냈다.

"당신, 내 친구 구두쇠 알아?"

"아, 평촌에서 임대업을 한다는 친구요?"

"그래. 그 친구 만나기로 했는데 갑자기 못 나온다고 하더군."

영민은 짜증이 나는지 얼굴을 찌푸렸다.

■어떤 일이 중요한지 따져 보고 행동하라

이율은 회사 생활을 하며 짜내도 피 한 방울 나오지 않을 정도로 악착같이 돈을 모았다. 친구들 모임에도 잘 나오지 않았지만 나온다고 해도 술값을 내는 일은 없었다. 돈을 꽤 모았다고 소문이 났을 때도 그는 소맷부리가 낡은 양복을 입었고 코가 다 닳은 구두를 신고 다녔다. 먹고 입는 일에는 통 신경을 쓰지 않으며 돈을 모아 결국 평촌에 건물을 짓기에 이르렀다.

건물을 짓는 과정이 순탄하지만은 않았다. 주차장을 하던 땅에 건물을 짓기 위해 공사를 시작했는데 땅속에 큰 바위가 박혀 있었던 것이다. 이율은 번듯한 건물주가 되는 꿈이 산산이 부서질까봐 꽤나 노심초사했다. 친구들에게 전화를 해 하소연을 했고 이런저런 방법을 강구했다. 몇 개월에 걸쳐 바위를 분쇄한 후에 결국 공사를 마무리할 수 있었다.

친구들은 이율의 건물이 다 지어졌을 때 진심으로 축하해 주었다. 애초에 유산으로 건물을 받았다거나 하는 친구들과는 달리 이율이야말로 자수성가한 케이스였기 때문이었다. 건물을 짓기 위해 애쓴 친구에게 누구 하나 시기하거나 질투하는 사람은 없었다.

다들 건물을 짓고 난 후엔 좀 여유로워질 것이라고 기대했지만 그 반대였다. 직원을 써서 관리할 수도 있는 일을 혼자서 다 하느라 이율은 더욱 바빠졌다.

평촌에 있는 건물을 방문했던 영민은 이율에게 사람을 하나 쓰는 것이 어떻겠냐고 제안하기도 했다. 그러나 이율은 자신이 하면 될 일을 왜 남에게 맡기냐며 쓸데없는 소리 말라고 영민의 입을 딱 막아 버렸다. 영민은 하고 싶은 말이 많았지만 입을 닫았다.

'이 친구는 여기까지가 끝이군.'

영민은 냉정한 평가를 내렸다. 진정한 부자가 되기 위해서는 돈을 벌 때와 쓸 때를 구분해야 하는데 이율은 그걸 몰랐다. 악착같이 돈을 아낄 줄만 알았지 어떻게 써야 하는지를 도통 몰랐던 것이다. 일이 많았지만 도와주는 사람이 없으니 이율은 시간 내기가 쉽지 않았기 때문에 약속을 잡아 놓고도 일이 끝나지 않아 못 나간 적이 몇 번이나 있었다.

정화가 물었다.

"그럼 아직까지 사람 안 쓰고 혼자서 건물을 관리하는 거예요?"

"그렇다고 하더라구. 이제 친구들 사이에서도 머리 나쁜 노랑이 임대업자라고 낙인 찍혔어. 건물 짓기 전이야 그렇다고 쳐도 이젠 다른 분야의 전문가들하고도 친분을 쌓고 안목을 넓혀야 더 발전을 할 수 있을 텐데. 참 답답한 친구야. 매일 이런저런 잡무에 시달리다 보니 숲을 볼 시간이나 있겠어?"

정화는 맞장구를 쳤다.

"그러게요. 오늘 당신만 만났어도 이런 유익한 이야기를 들었을 텐데요."

영민은 아내의 말에 씁쓸한 웃음을 지었다.

"근데, 바람 맞은 게 나만은 아니더라구. 들어 보니 다른 친구들하고도 약속을 잡아 놓고는 번번이 일 때문에 못 지킨 모양이야. 허탈해서 다른 친구한테 전화했더니 이제 자기들은 약속을 아예 안 한다나."

문득 영민의 머릿속에 적막한 건물에서 홀로 늦은 저녁을 먹고 있을 이율의 뒷모습이 떠올랐다. 약속을 어긴 친구지만 측은한 마음이 드는 것은 어쩔 수가 없었다.

자신의 위치에 어울리는 일을 하라

다 찌그러진 냄비에 식은 국을 데워 먹으며 돈을 번 당신. 그것은 분명 미덕이다. 초라함을 두려워하지 않는 것은 쉬운 일이 아니다. 그러나 이제 당신의 주머니가 조금 두둑해졌다면 찌그러진 냄비는 과감히 버리고 마블 코팅된 번쩍이는 냄비를 구입하라. 당신이 견지하고 있는 가난한 시절의 습관은 때로 다른 사람을 불편하게 할 수도 있으며 더 나아가 당신이 더 큰 부자가 되는 것을 막을 수도 있다. 검소한 것과 궁상맞은 것은 확실히 다르다. 불필요한 낭비를 안 하는 생활이 검소한 삶이다. 필요한 소비도 하지 않으면 궁상맞은 삶으로 전락한다.

자신이 좋아하는 일을
하다 보면 저절로 부자가 된다

돈에 관심을 가지고 열심히 일만 하면 부자가 될 수 있을까? 돈을 많이 모으기만 하면 부자가 되는 걸까?
부자 아빠들의 대답은 애석하게도 'No'다. 부자가 되는 것이 그렇게 쉽다면 세상에 부자가 되지 않을 사람이 없을 것이다. 부자가 되기 위해서는 돈을 모으는 것뿐 아니라 어떻게 쓰느냐, 어떻게 투자하느냐 역시 중요하다.

진정한 투자의 의미를 되새겨라

기업들은 당장 이익이 되지 않을 것 같은 곳에다 돈을 쓰곤 한다. 지방 고등학교의 운동선수들에게 각종 운동 물품을 지원한다거나 장학금을 지원하는 것 등이다. 얼핏 기업의 직접적인 이윤 창출과 연관이 있을 것 같지는 않다. 하지만 이렇게 함으로써 기업의 이미지는 좋아지고 사람들이 그 기업의 상품을 소비하는 데 기꺼운 마음을 가지게 한다. 동시에 그 선수들이 열심히 훈련해서 좋은 성과를 거두기라도 하면 상상도 할 수 없는 홍보 효과를 낼 수도 있다.

부자 아빠들은 아이들에게 돈을 낭비하지 말고 절약하라고 한다. 선행을 베푸는 일이 무엇보다도 중요하다고 하면서 정말 돈을 벌기 위해서는 돈을 쓰더라도 후에 더 큰돈이 돼서 돌아오는 곳에 써야 한다는 걸 강조한다. 값비싼 옷과 신발을 산다면 그것은 써서 없어지는 곳에 쓰는 소비이다. 하지만 유명 브랜드의 옷과 신발을 연구해서 새로운 상품을 개발하기 위해 사는 것이라면 그것은 투자가 된다. 같은 맥락에서 친구들과 놀고 즐기기 위해 먹고 마신다면 그것은 단순한 소비지만 사람들과의 관계를 돈독히 하고 인맥을 형성하기 위해 마신다면 그것은 투자가 된다. 부자들은 사소한 소비라도 그 소비가 후에 가져올 부대 효과를 항상 고려한다.

돈 쓰는 게 돈 버는 일

대기업의 스포츠마케팅

스포츠마케팅의 역사는 1852년으로 거슬러 올라간다. 미국의 뉴잉글랜드 철도회사가 하버드와 예일대 운동 선수들에게 무료로 교통편을 제공한 것이 시작이다. 이후 1926년 아디다스사가 육상 스타인 제시 오언스에게 신발을 제공하면서 본격적으로 스포츠마케팅이 시작되었다. 스포츠마케팅이란 스포츠를 매개로 홍보, 광고 등의 기업 활동을 벌이는 것이다. 대기업의 이름을 딴 팀을 운영하거나 큰 대회에 나가는 선수들을 후원하는 것으로 제품을 알리거나 기업의 이미지를 높인다. 스포츠에 대중의 관심이 집중되면서 스포츠 스타는 움직이는 광고판이나 다름없게 되었다.

진짜 좋아하는 일을 찾아 주어라

한 분야에서 최고의 경쟁력을 발휘하는 사람들의 특징

은 자신이 하는 일에 흥미를 느끼고 재미있어 한다는 것
이다. 자신의 일을 좋아하게 되면 집중하게 되고 성취감
을 맛보는 일이 즐거워져 성공은 저절로 따라오기 마련
이다. 학벌이 좋지 않더라도 자신이 좋아하는 분야에서
5년, 아니 10년 이상을 꾸준히 종사한 사람들은 높은 성
취도를 보여 주는 경우가 많다. 뜨거운 열정이 있고 자
신이 좋아하는 일을 할 때 희열과 행복감을 느낄 수 있
기 때문이다.

대부분의 부모들은 좋은 대학을 나와야 좋은 직업을 얻
을 수 있고 학벌이 성공하는 데 있어서 탄탄한 디딤돌이
될 수 있다고 믿는다. 학원비를 대기 위해서 식당일도
마다하지 않는 것은 이러한 믿음이 바탕이 되기 때문이
다. 재산을 일군 사람들은 사실 학력이 도움이 된다고
한다. 재산을 일구는 데 있어서 탄탄한 인맥의 영향력을
무시할 수 없기 때문이다.

하지만 그것이 전부는 아니다. 부자 아빠들의 생각은 좀
다르다. 근본적으로 자신이 종사하고 있는 일은 자신이

하고 싶은 일이어야 하고 자신이 잘할 수 있는 일이어야 한다는 것이다. 자신의 적성에 맞고 자신이 하고 싶은 일을 할 때 며칠 밤을 새워 코피가 터지더라도 뿌듯한 보람을 느낄 수 있기 때문이다.

한국교육개발원의 연구 결과에 따르면 진로와 목표를 일찍 정한 학생일수록 성적이 우수하고 자신감도 크다고 한다. 자신의 꿈을 이루기 위해서는 공부가 꼭 필요하다는 것을 스스로 깨달았기 때문이다.

여느 아빠들도 마찬가지겠지만 부자 아빠들은 자식의 진로를 찾아 주는 데 있어 적성과 능력을 상당히 중시한다. 무조건 공부에만 달음질치게 하는 것은 자녀의 장래를 위해서 도움이 되지 않는다는 것을 알고 있기 때문이다. 자녀가 무엇에 관심이 있는지 유심히 지켜보고 최고의 경쟁력을 발휘할 수 있게 동기를 부여해 주는 것이 최상의 효율을 줄 수 있다고 생각하는 것이다.

행복한
투자수업
네 번째 시간

부자의 의무

　영민은 매달 첫 번째 월요일이면 민호와 함께 은행에 간다. 사회복지시설에 매달 적지 않은 돈을 후원하는 영민. 다른 건 몰라도 베푸는 것만큼은 인색해서는 안 된다는 말 역시 빼놓지 않는다. 인터넷 뱅킹이나 자동이체를 신청하면 편하지만 일부러 민호를 데리고 은행에 가서 송금한다.

　"돈 아깝다고 택시 한 번 안 타면서 이렇게 큰돈을 매달 빠지지 않고 내려면 아깝지 않아요?"

　민호는 약간 심통이 나 있었다. 자신이 뭔가 사달라고 하거나 돈을 달라고 하면 오랫동안 뜸을 들이다가 최소한의 비용만 주는 아빠가 유독 후원금만큼은 아끼지 않는 것

"

이 조금 속상했던 것이다. 게다가 영민은 후원금 액수를 매년 늘리고 있었다.

"풍요롭고 평화롭게 살려고 모은 돈이니 당연히 써야 할 곳에 쓰는 거지."

"아빠 스스로를 위해서 돈 쓰는 것도 아까워하잖아요. 정말 이해가 안 된다니까"

"안 써도 되는 돈을 쓰는 건 낭비니까."

영민은 시무룩한 민호를 향해 살짝 웃었다.

노블리스 오블리제!

"그나저나 이번 주말에 시간은 비워 뒀지?"

민호가 볼멘소리로 대답했다.

"이번 주에 엠티 가는데요."

"아빠가 몇 주 전부터 이야기했던 것 같은데. 엠티보다 더 중요한 일이니까 이번엔 그냥 빠져."

민호가 양미간을 확 찌푸렸다. 이번 엠티는 여대 무용과 학생들과 조인트 해서 가는 것이었다. 민호는 고개를 절레 절레 흔들었다.

"무슨 일인지 모르겠지만 전 안 돼요. 이번엔 꼭 가야 해
요."

"양로원 가기로 했잖니. 엠티는 다음에도 갈 수 있잖아."

양로원에 간다는 말을 듣는 순간 민호는 절망적인 표정
을 지었다. 다른 일이면 모를까 양로원에 가는 일이라면
절대 빠지지 못할 것이다. 예전에도 한 번 빠지려다가 민
호는 호되게 혼이 났고 결국 따라갔었다. 민호는 실망을
감추지 못했다.

"돈 많이 내면 됐지, 매번 가기까지 해야 돼요?"

"너 '노블리스 오블리제' 라는 말 아니?"

민호는 그것도 모르겠냐는 표정을 지었다.

"귀족의 사회적 의무요. 노블리스 오블리제. 그래서 우
리 돈을 내잖아요."

"돈만 낸다고 전부가 아니지. 예전 로마에는 고위층이
전쟁에 참가하는 전통이 있었어. 건국 이후 500년 동안 귀
족이 15분의 1로 줄어든 것도 전쟁에 나가 많이 희생됐기
때문이지. 그 귀족들의 희생에 힘입어 로마는 고대 사회에
서 독보적인 위치를 차지할 수 있었다. 로마뿐이 아니야.
1차 세계대전과 2차 세계대전 때는 영국의 고위층 자녀만

이 다닌다는 이튼 칼리지 출신 병사가 2천 명이나 전사했
지. 아이젠하워의 아들도 육군 소령으로 참전했고 마오쩌
둥의 아들은 6 · 25에 참전했다가 전사했어."

민호는 조금 의외라는 표정을 지었다.

"대단하네요. 요즘 고위층들은 자식들을 군대에 안 보내
려고 별 수를 다 쓰잖아요."

"그러게 말이다. 사회적으로 높은 지위에 있는 사람들일
수록 모범을 보여야 하는데 말이지."

민호가 빙긋 웃으며 말했다.

"저는 군대 갈 거니까 염려 마세요."

"염려는 무슨. 혹시 네가 어디가 모자라서 군대에서 안
붙여 줄까 그게 걱정이다."

"아빠도 참. 제가 무슨 문제가 있다고 그래요."

민호가 심통을 부리는 모습이 우스워 영민은 한참을 웃
었다.

■세상은 돌고 돈다

양로원 주위에 어둠이 짙게 깔렸다. 봉사를 마치고 영민

가족은 차에 몸을 실었다. 다들 몸은 피곤하지만 마음만은 훈훈한 듯 보였다. 정화가 팔이 아프다며 엄살을 떨자 호정이와 민호가 열심히 정화의 팔을 주물렀다.

봉사란 그런 게 아닐까. 남을 도와주는 게 목적이 아닌 스스로의 마음을 넓히기 위한 시간. 확실히 영민 가족은 서로에게 더욱 느긋하고 너그러워졌다. 양로원에서 일한 대가로 얻게 된 뿌듯함. 그보다 더 큰 보상이 있을까.

정화가 갑자기 생각이 난 듯 이야기를 꺼냈다.

"그나저나 아까 밥 한술도 안 드시던 할아버지 기억나요?"

"밥 넘길 기분이 아니라던 그분?"

"네. 겨자 색 한복 입었던 분요. 그분 예전에 대단한 부자셨대요."

"누구에게나 한 번씩은 좋은 시절이 있지."

영민은 상념에 잠겼다. 삶을 지탱시켜 주는 건 바로 그 좋은 시절에 대한 추억 아닐까. 그 시절이 생에 몇 번을 찾아왔는지, 얼마나 길었는지는 중요하지 않다. 찬란했던 시절에 대한 추억을 묻으며 사람들은 고단하고 지루한 삶을 이어간다.

정화의 이야기는 계속되었다.

"큰 재산 있는 집안 치고 화목한 집 드물다더니 딱 그렇더라구요. 아들하고 재산 가지고 매번 싸우다가 지금은 서로 남남처럼 지낸대요. 무능한 장남이 사업한다고 재산 말아 먹은 것도 부족해서 얼마 전엔 술 먹고 교통사고까지 크게 내서 합의금으로 남아 있던 것마저 다 탕진해 버렸나 봐요. 옆의 분들 이야기 들으니까 그 아들 지금 병원에 있는데 '그 나쁜 자식, 죽지도 않는다' 면서 역정을 내시곤 한대요."

"저런."

"사람 일은 참 모르는 거예요. 강남이며 강북이며 가리지 않고 땅도 엄청 많으셨다는데."

영민이 맞장구를 쳤다.

"그래, 여보. 우리도 어떻게 될지 모른다구. 지금이야 문제없어 보이지만 또 누가 아나. 우리 자식 중에서도 누가 사고 칠지."

듣고 있던 호정과 민호가 서운한지 입을 삐죽거렸다. 민호가 말했다.

"아빠는. 우리가 그렇게 생각 없어 보여요?"

호정이도 거들었다.

"맞아요. 너무해요. 우리처럼 착한 아들딸이 어디 있다고."

영민이 어이없다는 듯 아이들을 쳐다보았다.

"그렇게 이야기해 주니 고맙긴 하다만 두고 볼 일이지. 어쨌거나 혹시 모를 그날을 위해 양로원에 돈을 더 많이 내야겠다. 누가 아니. 우리도 나중에 여기 와서 노후를 보내게 될지. 안 그래 여보?"

정화가 웃으며 대답했다.

"그럼요, 그렇고말구요."

부자의 의무

부자들은 어딜 가나 대우받는다. 그들은 가장 좋은 곳에서 식사를 하고 가장 좋은 집에서 잠을 잔다. 그것은 돈을 가진 자만의 특권이며 그들이 돈을 벌기까지 애쓴 데 대한 사회적 보답이기도 하다. 반면 그들의 의무는 특권보다 무겁다. 부자들은 가난한 이들보다 더 많은 세금을 내야 하고 가난한 이들을 위해 양식과 땔감을 마련해야 한다. 사회의 어두운 곳에 손을 뻗는 일, 그 의무를 해내는 자만이 진정한 부자이다.

부자의 돈

“아무래도 맞는 것 같은데…….”

양로원에서 돌아온 후 영민은 뭔가 기억해 내려는 듯 보였다.

“무슨 일 있으세요?”

민호의 물음에는 대답하지 않고 영민은 계속 창밖을 바라보며 생각에 잠겼다.

“친구 아버지를 본 것 같다는구나.”

저녁 준비를 하던 정화가 민호에게 말했다.

“친구 아버지요?”

영민이 정화를 향해 눈짓을 했다. 말하지 말라는 신호였다. 정화는 아랑곳하지 않았다.

"그래. 전에 아빠한테 돈 빌려 갔던 친구의 아버지."

"당신도 참, 그만 하라니까."

결국 영민이 화를 버럭 내며 방으로 들어갔다. 영문을 알 수 없어 민호는 엄마에게 무슨 일이냐고 조용히 물었다. 정화는 영민이 들어간 방을 한참 노려보다 이내 말을 꺼냈다.

▮돈 때문에 사람을 잃지 말라

"예전에 아빠가 1억 원을 빌려 준 적이 있었잖니."

"10년 전쯤이었던 것 같은데요."

민호도 그때 일을 기억하고 있었다. 그때 1억은 지금 1억과는 달랐다. 그때는 민호의 집도 그다지 여유 있는 상황이 아니었다. 영민은 무리해서 돈을 빌려 줬고 그것 때문에 아내와 심하게 다투었다. 아직 어렸던 민호는 부모가 돈 문제로 매번 다투는 게 참 싫었다.

"그때 네가 일기장에도 썼잖니. 공부 열심히 해서 돈 많이 벌어 엄마 아빠 이혼 안 하게 해주고 싶다고."

"제가 그랬어요? 하여튼 엄마 아빠가 매일 싸우는 게 참 싫었어요. 가끔 엄마 아빠 사이가 좋아 보이면 얼마나 신이 나던지. 그렇게 계속 싸우다가 결국엔 이혼할 것 같았거든요."

"차용증도 안 받고 빌려 줬다가 결국 떼였잖니."

"네? 못 받았어요?"

정화는 지금 생각해도 분한 듯 표정이 일그러졌다.

"그래. 이자 몇 번 주다가 아예 소식이 끊겼지 뭐니. 사람이 그렇게 염치가 없는 동물이란다. 처음에 빌려 갈 땐 진정한 친구라는 둥 의리로서 갚겠다는 둥 하더니만 그 후로 전화번호도 바꾸고 잠적했더라구."

"아빠와 친한 분이었어요?"

"말해 뭐하니. 한 동네에서 자라 아주 죽고 못 살 정도로 친했지. 어른이 돼서도 계속 만났고."

민호는 밥을 먹으며 속으로 생각했다.

'친한 친구 사이라도 돈 관계는 정확히 해야 하는데. 철두철미한 것 같은 아빠도 실수를 다 했네. 하긴 예전에 실수를 했으니 지금 저렇게 꼼꼼하게 된 건지도 모르지.'

돈이 목적이 되어서는 안 된다

영민은 저녁 식사를 하지 않았다. 민호는 식사를 마친 후 과일을 깎아 안방으로 들어갔다. 혹 아직도 역정을 내고 있는 건 아닐까 하고 슬쩍 걱정이 되기도 했다.

"아빠, 과일 드세요. 저녁 안 드셔도 괜찮겠어요?"

뜻밖에 아빠의 표정은 밝아 보였다.

"배는 고픈데 참아야지. 과일이냐? 잘 됐다."

영민이 반색하며 포크를 집어 들더니 사과를 베어 먹기 시작했다.

"저녁 드시지 그랬어요."

"아니야. 호락호락하게 넘어갔다가는 네 엄마 또 길게 쏘아 댈 게 뻔해. 그 얘기만 나오면 엄마가 얼마나 펄펄 뛰는지. 좀 세게 나가야 그만하지 물렁하게 있다가는 얼마나 바가지를 긁어 댈까."

"하하. 아빠, 고수네요."

"그럼. 남편 잘못으로 1억 원이나 떼었는데 가만있을 여자가 얼마나 되겠냐. 이해는 하지만 나도 내 살 길을 찾아야지. 안 그래?"

“지금도 그 친구 분 연락이 안 돼요?”

영민은 길게 한숨을 쉬었다.

“찾으려면 찾을 수야 있겠지만 찾는다고 해서 무슨 소용이 있겠니. 그 친구도 사정이 있으니까 못 주겠지 괜히 안 주겠냐. 들리는 소문에 사정이 썩 좋은 것 같지도 않아. 아까 양로원에서 본 할아버지 한 분이 분명 그 친구 아버지 같아. 워낙 노인네가 바싹 말라서 못 알아봤는데 분명해. 얼굴에 수심이 가득하더구나.”

“그렇군요.”

영민이 민호에게 다짐하듯 말했다.

“너는 절대 친구와 돈 관계는 하지 마라.”

민호는 고개를 끄덕였다.

“네, 돈 관계를 해도 꼭 차용증 쓰고 정식으로 해야죠.”

“아니, 아예 안 하는 게 좋다. 혹 누가 너에게 돈을 빌려 달라고 하면 차라리 그냥 줘 버려.”

“어떻게 돈을 그냥 줘요?”

“돈을 떼이고 나서 가장 가슴 아픈 게 뭔지 아니?”

영민이 회한에 젖은 눈빛으로 말했다.

“돈도 아니고 뭣도 아니야. 친구를 잃었다는 게 속상하지. 그 친구 역시 마찬가지일 거고. 돈이 아무리 중요하다지만 사람보다 중요하겠니?"

민호는 잠시 생각했다. 돈을 잃었을 때 더 가슴이 아플까, 친구를 잃었을 때 더 가슴이 아플까? 민호는 아무래도 큰돈을 잃었을 때가 더 가슴이 아플 것 같았다.

"아빠, 아무래도 저는 인생을 헛살았나 봐요. 돈을 그냥 줘도 아깝지 않을 만한 친구가 떠오르지 않아요."

"정말 그렇다면 큰일이지만 사실 그렇지는 않을 거다. 돈을 잃는 것은 당장 눈에 보이지만 친구를 잃는 것은 눈에 보이지 않기 때문에 실감이 안 나서 그럴 뿐이야."

민호의 머릿속이 점점 복잡해졌다. 돈에 집착하면 집착할수록 불행도 따라오는 게 아닐까? 소유하지 않는 것이 오히려 더 고귀한 삶을 살 수 있는 길은 아닐까?

영민은 아들의 마음을 꿰뚫은 듯 이야기를 이었다.

"돈에 집착하지 않는다고 해서 행복해지는 것은 아니야. 돈은 네 꿈을 이룰 수 있게 해주고 네 자존심을 다치지 않게 해주는 중요한 것이지. 생각해 봐라. 큰일을 하고 싶은데 돈이 없어 뜻을 못 이루면 얼마나 가슴이 아프겠니."

"점점 어려워지네요."

영민이 마지막 사과 한 조각을 씹으며 말했다.

"어렵긴 뭐가 어렵냐. 간단하게 말해서 열심히 벌어 잘 쓰면 된다는 말이다. 쉽지?"

미래형 자산 승부사 여운봉의 뼈 있는 충고

부자들의 돈

어린 자녀가 돈을 물고 빨 때 당신은 뭐라 하겠는가? 아마 "더러우니까 당장 입에서 떼!" 하고 소리 지를 것이다. 돈은 더럽다. 돈을 입에 물고 빠느니 화장실 문고리를 빠는 편이 더 깨끗할 것이다. 하지만 돈은 사람을 우아하게 만들어 준다. 고급 승용차는 콩나물시루 같은 지하철을 타지 않게 해준다. 이코노미 클래스에서 몸을 뒤척이게 하는 대신 안락한 퍼스트 클래스의 의자에서 최상의 서비스를 받게 해주는 것은 다름 아닌 돈이다. 돈은 더럽고도 우아하다. 돈을 벌기 위해 때로 지독한 모멸을 견뎌야 한다. 그러나 부자들은 슬퍼하지 않는다. 돈은 부자들의 꿈을 이루어 주기 때문이다.

행복한 부자

　민호에게 종자돈 천만 원을 준 지 벌써 1년이 지났다. 치기 어린 마음에 그 돈을 조금 써버리기도 하고 다시 메우겠다고 선배 삼겹살집에 몽땅 투자하고는 가슴을 졸이기도 했다. 민호가 그 돈을 다 써버려도 '비싼 교육 받았다'고 생각하고 말자고 다짐했던 영민이었지만 결과를 확인할 시점이 되자 자신도 모르게 가슴이 두근거렸다.

　삼겹살집 때문에 고민하던 때 이후 민호는 돈의 출처에 대해서는 일체 함구했다. 간혹 의미심장하게 '잘돼 가냐?'고 물으면 민호는 '그럭저럭 괜찮다'는 말로 뭉뚱그려 대답하곤 했다.

가족이 모두 모여 재테크의 결과를 공개하기로 한 날 영
민의 가족은 모처럼 시내 유명 호텔에서 저녁 식사를 했다.

진정한 부자는 벼락부자가 아니다

영민은 서울 야경이 한눈에 내려다보이는 호텔에서 연
한 고기를 썰어 먹으며 와인도 한잔 했다. 다들 분위기에
취해 기분이 좋아 보였다. 드디어 본론에 접어들 시간이
되었다.

"자, 이제 공개해라. 1년 동안의 비싼 수업이 어떻게 끝
을 맺었는지."

민호는 가방에서 주섬주섬 종이를 한 장 꺼내 들었다.
호정도, 정화도 기대에 찬 눈으로 민호를 바라보았다.

"아시다시피 처음에 받은 돈을 주체할 줄 몰라 많이 썼
죠. 그거 복구하는 게 상당히 힘들었어요. 다행히 선배가
개업한 삼겹살집에 투자한 것이 잘돼서 원금을 회복했고
그 후에 5백만 원은 남겨 놓고 나머지 5백만 원은 주식에
들어가 있어요."

정화가 궁금한 듯 물었다.

"왜 5백만 원만 투자한 거야? 잃을까봐?"

민호가 빙그레 웃으며 대답했다.

"아빠가 늘 강조한 게 분산투자거든요. 부자들은 재산을 삼등분한다고 하던데 저는 삼등분하기엔 액수가 크지 않으니까 이등분했죠. 일단 반은 주식을 하고 있고 나머지는 적절한 투자처를 찾으면 쓰려구요."

영민이 뿌듯한 듯 고개를 끄덕였다.

"그래. 이야기해 줄 때는 잘 알아듣는 것 같지 않더니 제법이구나."

민호는 아빠의 칭찬에 몸 둘 바를 몰랐다.

"아직까지 수익률은 높지 않아요."

"그 유명한 투자의 귀재인 워렌 버핏의 연평균 수익률이 얼마나 됐는지 아니?"

"얼만데요?"

"25%. 생각보다 많지 않지?"

정화는 처음 듣는 이야기라는 듯 놀라워했다.

"그것밖에 안 돼요? 그런데 어떻게 투자의 귀재라는 소리를 듣는 거죠?"

"오랜 세월 누적되니까 큰 부자의 반열에 오르게 된 거지. 투자해서 크게 이익을 챙긴 적은 없지만 마이너스를 기록한 경우도 없었어. 차분하고 꾸준하게 적은 수익이라도 오랫동안 내는 투자 방식을 선택한 거지."

민호가 알겠다는 듯 고개를 끄덕였다.

"그러니까 하루아침에 대박난 부자가 아니라 서서히 하지만 꾸준히 부자가 되었단 말씀이군요."

"맞아."

■피 말리는 투자는 하지 말라

"그래서 어떤 주를 얼마나 산 거니?"

"현진건설 주식이요."

"그리고?"

"그리고 라뇨? 현진건설 주식 하나밖에 없는데요."

영민은 나이프와 포크를 살며시 내려놓았다.

"그래 지금은 좀 어떠냐?"

"말도 마세요. 살 떨려요. 아직까지는 괜찮은데 약간 떨어지는 추세여서 매일매일 신문 볼 때마다 아주 피가 마른다니까요."

옆에 있던 정화가 거들었다.

"그래도 넌 잘 산 거야. 나도 너 따라서 현진건설이나 살 걸 괜히 제약회사에 투자했다가 얼마나 손해를 봤는지 몰라."

영민은 어이가 없어 웃음만 나왔다. 정화도 민호도 노련한 투자자가 되려면 먼 것 같았다.

"하하. 그래서 두 모자가 손해를 제대로 보셨겠구만."

민호가 어깨에 힘이 조금 들어간 자세로 항변했다.

"저는 아니에요. 전 그래도 처음 샀을 때보다는 조금 올랐어요."

어느새 와인 한 병이 다 비워졌다. 영민은 와인 한 병을 다시 주문한 뒤 말을 이었다.

"민호야, 그리고 여보. 내가 누누이 말하지만 주식은 게임을 즐기듯 해야 해. 종자돈을 분산투자 하듯이 주식도 분산투자가 기본이지. 한쪽에서 판단이 잘못되었다고 해도 다른 종목이 만회해 줄 수 있게 말이야. 그러면 큰 손실은 막을 수 있거든. 신문의 주식 란을 매일매일 보는 사람 치고 변변한 수익을 올리는 사람 못 봤다. 그런 사람은 나무만 보지 숲을 보지 못하는 사람들이거든."

정화가 억울하다는 듯이 말했다.

"이번에는 좀 잃었지만 먼젓번에는 수익을 조금 냈잖아요. 또 누가 알아요. 다음에 사는 게 대박 될지."

"'대박'이라는 말을 쓰는 걸 보니 당신도 주식으로 돈벌기는 다 틀린 것 같군."

영민이 아내를 놀리듯 말했다. 바짝 약이 오른 정화는 새로 주문한 와인을 벌컥벌컥 들이켰다. 영민은 말을 이었다.

"민호야. 아빠가 아는 알짜 부자들 중에 시세판 보면서 객장에 죽치고 있는 사람은 단 한 명도 없다. 진짜 부자들은 초조하게 하루하루 시세에 매달리지 않아. 시장의 흐름을 보고 한발 물러서서 여유롭게 투자를 하지. 수익은 하루 종일 객장에 나가는 사람보다 훨씬 많아."

매번 계속되는 돈 이야기가 지겹다는 듯 호정이 입을 열었다.

"몇 년 있으면 대학 입학이라는 커다란 고비를 넘어야 할 딸에 대한 고민은 안 하세요? 저도 관심을 좀 가져 주세요, 네?"

호정의 애교스런 말에 모두들 웃음을 터뜨렸다. 영민은 틈을 놓치지 않고 한마디 던졌다.

"호정아, 아빠가 돈에 대해 한 말을 전부 '공부'로 바꾸고 들으면 전부 네 이야기가 되는 거 모르겠니? 취미를 즐기듯 여유롭게 공부하고 공부에 대한 가치관을 확실하게 하고 게으른 우등생은 없다는 생각으로 합리적으로 공부하고. 여태껏 오빠한테 했던 이야기 중에서 '돈'을 '공부'로 바꿔서 생각해라. 딱히 돈에만 해당되는 특별한 법칙이 뭐가 있겠니. 이 세상에서 돋보이는 무언가가 되기 위해서 지켜야 할 법칙들은 다 비슷한 거지."

도심의 야경은 정말 근사했다. 식사를 마친 네 식구는 뿌듯한 마음으로 서로를 바라보았다. 집으로 오는 차 안에서 영민은 눈을 감은 채 아이들의 손을 잡고 말했다.

"부자는 되기보다 되고 나서가 더 어렵고 고독하단다. 결국 부자들도 '행복한 부자'가 되기 위해 끊임없이 노력하지 않으면 안 돼."

아이들에게 하는 말이라기보다 좀 더 나은 삶을 살기 위해 노력하는 영민 스스로에게 건네는 위로의 말 같았다.

부자들의 여유로운 삶

맞다. 부자들이 여유 있는 것은 돈이 있기 때문이다. 당장 내일의 양식을 위해 발을 동동 구르며 일거리를 찾지 않아도 되고 원하는 것이 있을 때 주저하지 않고 살 수 있다. 돈을 조금 잃는다고 해도, 조금 딴다고 해도 그들에겐 큰 상관이 없다. 돈에 일희일비하지 않는 무던한 태도, 이것은 부자의 가장 큰 장점이다. 부자가 되고 싶은가? 그러면 그들의 무던함을 배워라. 부자가 되고자 하는 것 또한 그 여유로운 삶에 진입하기 위해서가 아닌가. 부자가 아닐지라도 그들처럼 여유로운 마음을 가져 보라. 부자는 아니지만 부자처럼 사는 것도 나쁘지는 않을 것이다.

이웃과 부를 나누는
아름다운 부자가 되라

어떤 아빠들은 자녀가 아르바이트를 해서 돈을 번다고 하면 기를 쓰고 말린다. 부모들은 아이가 돈에 악이 받지 않기를 바란다. 돈에 대해서는 초연한 채 성장하기를 바라고 돈에 관한 한 부모가 책임을 질 테니 공부에만 집중하라고 한다.

하지만 돈을 배제한 채 살아갈 수는 없다. 돈에 대한 개념을 어릴 적부터 확고하게 확립하지 않으면 성인이 되었을 때도 돈을 다루지 못해 우왕좌왕하게 될 것이다.

돈에 대한 개념을 올바로 정립하게 하라

아이가 주말에 편의점에서 아르바이트를 하도록 하는 부자 아빠가 있다. 공부할 시간도 부족한데 아르바이트까

지 하게 해서 될까 하는 우려의 마음이 들었지만 아빠의
소신은 분명했다. 공부만큼이나 아르바이트 경험도 중요
하다는 것이다. 아이의 꿈이 경영학을 공부한 후 기업을
이끌어 가는 경영자가 되는 것이라면서 말이다.

아르바이트를 한다고 해서 거창한 이론을 배우는 것은
아니다. 하지만 작은 규모의 거래라고 할지라도 돈과 물
건이 오고 가는 곳에서 실물경제의 생생한 흐름을 느낄
수 있다는 면에서 진정한 체험이 될 수 있다.

부자 아빠들은 자녀에게 돈에 대한 개념을 확립시키는
데 있어 생활 속에서의 체험을 중시한다. 외국의 경제
도서 중에는 초등학생이 잔디를 깎은 대가로 받은 용돈
을 모아 그 돈을 자금으로 해서 돈을 불려 간다는 식의
이야기가 많다. 외국에서는 용돈을 얻을 때도 그에 상응
하는 일을 해야 하는 것이 일상적이다. 남의 집 앞 낙엽
이나 눈을 쓸거나 차를 닦거나 신문을 배달하는 등의 일
을 해서 용돈을 충당하는 것이다. 사소한 일처럼 보일지
모르지만 어릴 때부터 돈의 소중함을 몸으로 체험하게

되는 것이다.

이에 반해 우리나라 청소년들은 돈에 대한 개념이 너무 희박하다. 부동산으로 갑작스럽게 부자가 된 한 아빠의 케이스는 눈살을 찌푸리게 한다.

졸부 아빠의 자식 사랑은 눈물겹다. 자식들에게는 사소한 일은 시키지 않고 원할 때마다 돈을 쥐어 주었다. 학생인데도 명품으로 치장을 시켰고 고급 자동차를 선물했다.

졸부 아빠의 아이들은 행복했을까? 결국 그 아이들은 세상의 모든 것을 돈으로만 평가하고 돈이 없는 사람을 무시하는 못된 습성만 가지게 되었을 뿐이다. 졸부 아빠의 이러한 행태가 한때 가난했던 자신에 대한 한풀이였는지는 모르지만 자식에게는 독이 되었다.

졸부 아빠들은 가지고 있는 부가 영원할 것이라고 생각한다. 하지만 구멍 뚫린 주머니에서 물이 새나가는 것처럼 자기도 모르는 새에 돈이 새나가고 만다. 쓸 줄만 알고 모을 줄도 벌 줄도 모른다면 나중에 물주머니는 텅

비어 쪼글쪼글해질 것이다.

어릴 적에 돈을 어떻게 써야 하는지를 제대로 배우지 못하면 성인이 된 후에도 과소비를 하게 된다. 결국 신용을 잃고 비참하게 생활하다가 퇴락의 길로 빠져들 수밖에 없다.

부자 아빠들은 자녀들이 올바른 경제관을 가지고 자신의 힘으로 부를 일궈 나가는 능력을 키울 수 있도록 하려고 노력한다. 일하는 모습을 보여 주고 노동을 통해 번 돈이 얼마나 가치 있는지를 일깨워 준다. 절약과 저축의 중요성을 항상 강조한다.

나눔의 기쁨을 알게 하라

평생 모은 재산을 사회에 기부하는 사람들의 흐뭇한 기사를 가끔 접하게 된다. 그런데 참 알 수 없는 것은 그런 사람들의 대부분이 대단한 부자가 아니라는 점이다. 본인 역시 별로 풍요롭지 않은 생활을 하면서 평생을 모은 돈을 기부하는 것이다.

아직 우리 사회는 나눔의 문화가 확산되어 있지 않다. 그래서인지 체계적이고 계획적인 기부가 많지 않다. 텔레비전이나 라디오 속의 미담이나 가슴 아픈 사연에 감동해 순간적으로 기부를 하는 경우가 대부분이다. 하지만 사회가 좀더 발전하기 위해서는 기부 문화가 시스템화 되어야 하고 부자들이 이에 앞장서야 한다. 이것이 바로 진정한 '노블리스 오블리제'인 것이다.

부자 아빠는 나눔을 거창한 의식으로 생각하지 않는다. 아주 사소한 것부터 시작하는 것이다. 작아져서 못 입는 옷을 복지기관에 갖다 준다거나 학교에서 열리는 자선 바자회에 묵혀 두었던 물품들을 기부하는 데서 시작한다.

나에게는 그다지 필요가 없는 물건을 그것이 꼭 필요한 다른 사람에게 나누어 줌으로써 물건의 소중함과 나눔의 중요성을 체험하게 해준다. 적든 많든 자기의 것을 나누는 경험을 많이 하게 한다. 나중에 커서 나누는 기쁨을 생활화하는 아름다운 부자가 되게 하기 위해서 말이다.

미국의 유명한 부자 록펠러의 교육

록펠러는 자선사업가로 변신해 많은 사람의 존경을 받았다. 그는 자녀와 손자들에게 엄격하게 금전 교육을 시킨 것으로도 유명하다. 손자인 데이비드 맨해튼 은행장은 "내가 아이었을 때 할아버지는 일주일에 25센트를 주시면서 작은 돈이라도 어디에 썼는지 기록하게 했다. 그러고는 주말에 그 노트를 본 후 바른 곳에 적절히 썼을 때는 칭찬의 의미로 5센트를 더 주셨고 허튼 곳에 썼을 땐 5센트를 깎았다. 할아버지는 용돈이 거저 생기는 게 아니며 그 속에는 여러 사람들의 작은 노력이 숨어 있다고 말씀하셨다. 그래서 늘 돈이 생기면 그중 일부를 다른 사람을 위해 쓰라고 강조하셨다"고 말했다.